T&P Books Publishing

# GUÍA DE CONVERSACIÓN
# FRANCÉS

I0163225

## LAS PALABRAS Y LAS FRASES MÁS ÚTILES

Esta Guía de Conversación
contiene las frases y las
preguntas más comunes
necesitadas para una
comunicación básica
con extranjeros

Andrey Taranov

T&P BOOKS

Guía de conversación + diccionario de 1500 palabras

# Guía de conversación Español-Francés y diccionario conciso de 1500 palabras

por Andrey Taranov

La colección de guías de conversación para viajar "Todo irá bien" publicada por T&P Books está diseñada para personas que viajan al extranjero para turismo y negocios. Las guías contienen lo más importante - los elementos esenciales para una comunicación básica. Éste es un conjunto de frases imprescindibles para "sobrevivir" mientras está en el extranjero.

Una otra sección del libro también ofrece un pequeño diccionario con más de 1.500 palabras útiles. El diccionario incluye muchos términos gastronómicos y será de gran ayuda para pedir los alimentos en un restaurante o comprando comestibles en la tienda.

T&P Books Publishing
www.tpbooks.com

ISBN: 978-1-78492-649-6

Este libro está disponible en formato electrónico o de E-Book también.
Visite www.tpbooks.com o las librerías electrónicas más destacadas en la Red.

# PREFACIO

La colección de guías de conversación para viajar "Todo irá bien" publicada por T&P Books está diseñada para personas que viajan al extranjero para turismo y negocios. Las guías contienen lo más importante - los elementos esenciales para una comunicación básica.Éste es un conjunto de frases imprescindibles para "sobrevivir" mientras está en el extranjero.

Esta guía de conversación le ayudará en la mayoría de los casos donde usted necesite pedir algo, conseguir direcciones, saber cuánto cuesta algo, etc. Puede también resolver situaciones difíciles de la comunicación donde los gestos no pueden ayudar.

Este libro contiene muchas frases que han sido agrupadas según los temas más relevantes. Una sección separada del libro también ofrece un pequeño diccionario con más de 1.500 palabras importantes y útiles.

Llévese la guía de conversación "Todo irá bien" en el camino y tendrá una insustituible compañera de viaje que le ayudará a salir de cualquier situación y le enseñará a no temer hablar con extranjeros.

# TABLA DE CONTENIDOS

T&P Books Publishing

# PRONUNCIACIÓN

| La letra | Ejemplo francés | T&P alfabeto fonético | Ejemplo español |
|---|---|---|---|

## Las vocales

| A a | cravate | [a] | radio |
|---|---|---|---|
| E e | mer | [ɛ] | mes |
| I i [1] | hier | [j] | asiento |
| I i [2] | musique | [i] | ilegal |
| O o | porte | [o], [ɔ] | bolsa |
| U u | rue | [y] | pluma |
| Y y [3] | yacht | [j] | asiento |
| Y y [4] | type | [i] | ilegal |

## Las consonantes

| B b | robe | [b] | en barco |
|---|---|---|---|
| C c [5] | place | [s] | salva |
| C c [6] | canard | [k] | charco |
| Ç ç | leçon | [s] | salva |
| D d | disque | [d] | desierto |
| F f | femme | [f] | golf |
| G g [7] | page | [ʒ] | adyacente |
| G g [8] | gare | [g] | jugada |
| H h | héros | [h] | [h] muda |
| J j | jour | [ʒ] | adyacente |
| K k | kilo | [k] | charco |
| L l | aller | [l] | lira |
| M m | maison | [m] | nombre |
| N n | nom | [n] | número |
| P p | papier | [p] | precio |
| Q q | cinq | [k] | charco |
| R r | mars | [r] | R francesa (gutural) |
| S s [9] | raison | [z] | desde |
| S s [10] | sac | [s] | salva |
| T t | table | [t] | torre |
| V v | verre | [v] | travieso |
| W w | Taïwan | [w] | acuerdo |

5

| La letra | Ejemplo francés | T&P alfabeto fonético | Ejemplo español |
|----------|-----------------|----------------------|------------------|
| X x [11] | expliquer | [ks] | taxi |
| X x [12] | exact | [gz] | inglés - exam |
| X x [13] | dix | [s] | salva |
| X x [14] | dixième | [z] | desde |
| Z z | zéro | [z] | desde |

## Las combinaciones de letras

| | | | |
|------|---------|-----------|------------------|
| ai | faire | [ɛ] | mes |
| au | faute | [o], [oː] | correa |
| ay | payer | [eı] | béisbol |
| ei | treize | [ɛ] | mes |
| eau | eau | [o], [oː] | correa |
| eu | beurre | [ø] | alemán - Hölle |
| œ | œil | [ø] | alemán - Hölle |
| œu | cœur | [øː] | inglés - first |
| ou | nous | [u] | mundo |
| oi | noir | [wa] | aduanero |
| oy | voyage | [wa] | aduanero |
| qu | quartier | [k] | charco |
| | | | |
| ch | chat | [ʃ] | shopping |
| th | thé | [t] | torre |
| ph | photo | [f] | golf |
| gu [15] | guerre | [g] | jugada |
| ge [16] | géographie | [ʒ] | adyacente |
| gn | ligne | [ɲ] | leña |
| on, om | maison, nom | [õ] | [o] nasal |

## Comentarios

[1] delante de vocales
[2] en el resto de los casos
[3] delante de vocales
[4] en el resto de los casos
[5] delante de **e, i, y**
[6] en el resto de los casos
[7] delante de **e, i, y**
[8] en el resto de los casos
[9] entre dos vocales
[10] en el resto de los casos
[11] la mayoría de los casos
[12] rara vez
[13] en **dix, six, soixante**

[14] en **dixième, sixième**
[15] delante de **e, i, u**
[16] delante de **a, o, y**

# LISTA DE ABREVIATURAS

## Abreviatura en español

| | | |
|---|---|---|
| adj | - | adjetivo |
| adv | - | adverbio |
| anim. | - | animado |
| conj | - | conjunción |
| etc. | - | etcétera |
| f | - | sustantivo femenino |
| f pl | - | femenino plural |
| fam. | - | uso familiar |
| fem. | - | femenino |
| form. | - | uso formal |
| inanim. | - | inanimado |
| innum. | - | innumerable |
| m | - | sustantivo masculino |
| m pl | - | masculino plural |
| m, f | - | masculino, femenino |
| masc. | - | masculino |
| mat | - | matemáticas |
| mil. | - | militar |
| num. | - | numerable |
| p.ej. | - | por ejemplo |
| pl | - | plural |
| pron | - | pronombre |
| sg | - | singular |
| v aux | - | verbo auxiliar |
| vi | - | verbo intransitivo |
| vi, vt | - | verbo intransitivo, verbo transitivo |
| vr | - | verbo reflexivo |
| vt | - | verbo transitivo |

## Abreviatura en francés

| | | |
|---|---|---|
| adj | - | adjetivo |
| adv | - | adverbio |
| conj | - | conjunción |
| etc. | - | etcétera |
| f | - | sustantivo femenino |

| | | |
|---|---|---|
| f pl | - | femenino plural |
| m | - | sustantivo masculino |
| m pl | - | masculino plural |
| m, f | - | masculino, femenino |
| pl | - | plural |
| prep | - | preposición |
| pron | - | pronombre |
| v aux | - | verbo auxiliar |
| v imp | - | verbo impersonal |
| vi | - | verbo intransitivo |
| vi, vt | - | verbo intransitivo, verbo transitivo |
| vp | - | verbo pronominal |
| vt | - | verbo transitivo |

# T&P BOOKS

# GUÍA DE CONVERSACIÓN FRANCÉS

Esta sección contiene frases
importantes que pueden
resultar útiles en varias
situaciones de la vida real.
La Guía le ayudará a pedir
direcciones, aclaración
sobre precio, comprar billetes,
y pedir alimentos en un
restaurante

T&P Books Publishing

# CONTENIDO DE LA GUÍA DE CONVERSACIÓN

**T&P Books Publishing**

# Lo más imprescindible

| | |
|---|---|
| Perdone, ... | **Excusez-moi, ...** <br> [ɛkskyze mwa, ...] |
| Hola. | **Bonjour** <br> [bɔ̃ʒuːr] |
| Gracias. | **Merci** <br> [mɛrsi] |

| | |
|---|---|
| Sí. | **Oui** <br> [wi] |
| No. | **Non** <br> [nɔ̃] |
| No lo sé. | **Je ne sais pas.** <br> [ʒə nə sɛ pɑ] |
| ¿Dónde? \| ¿A dónde? \| ¿Cuándo? | **Où? \| Où? \| Quand?** <br> [u? \| u? \| kɑ̃?] |

| | |
|---|---|
| Necesito ... | **J'ai besoin de ...** <br> [ʒe bəzwɛ̃ də ...] |
| Quiero ... | **Je veux ...** <br> [ʒə vø ...] |
| ¿Tiene ...? | **Avez-vous ... ?** <br> [ave vu ...?] |
| ¿Hay ... por aquí? | **Est-ce qu'il y a ... ici?** <br> [ɛs kilja ... isi?] |
| ¿Puedo ...? | **Puis-je ... ?** <br> [pɥiʒ ...?] |
| ..., por favor? (petición educada) | **..., s'il vous plaît** <br> [..., sil vu plɛ] |

| | |
|---|---|
| Busco ... | **Je cherche ...** <br> [ʒə ʃɛrʃ ...] |
| el servicio | **les toilettes** <br> [le twalɛt] |
| un cajero automático | **un distributeur** <br> [œ̃ distribytœːr] |
| una farmacia | **une pharmacie** <br> [yn farmasi] |
| el hospital | **l'hôpital** <br> [lɔpital] |

| | |
|---|---|
| la comisaría | **le commissariat de police** <br> [lə kɔmisarja də pɔlis] |
| el metro | **une station de métro** <br> [yn stasjɔ̃ də metro] |

| | |
|---|---|
| un taxi | **un taxi**<br>[oẽ taksi] |
| la estación de tren | **la gare**<br>[la gar] |

---

| | |
|---|---|
| Me llamo … | **Je m'appelle …**<br>[ʒə mapɛl …] |
| ¿Cómo se llama? | **Comment vous appelez-vous?**<br>[kɔmɑ̃ vuzaple-vu?] |
| ¿Puede ayudarme, por favor? | **Aidez-moi, s'il vous plaît.**<br>[ɛde-mwa, sil vu plɛ] |
| Tengo un problema. | **J'ai un problème.**<br>[ʒe oẽ prɔblɛm] |
| Me encuentro mal. | **Je ne me sens pas bien.**<br>[ʒə nə mə sɑ̃ pɑ bjẽ] |
| ¡Llame a una ambulancia! | **Appelez une ambulance!**<br>[aple yn ɑ̃bylɑ̃:s!] |
| ¿Puedo llamar, por favor? | **Puis-je faire un appel?**<br>[pɥiʒ fɛr oẽn apɛl?] |

---

| | |
|---|---|
| Lo siento. | **Excusez-moi.**<br>[ɛkskyze mwa] |
| De nada. | **Je vous en prie.**<br>[ʒə vuzɑ̃pri] |

---

| | |
|---|---|
| Yo | **je, moi**<br>[ʒə, mwa] |
| tú | **tu, toi**<br>[ty, twa] |
| él | **il**<br>[il] |
| ella | **elle**<br>[ɛl] |
| ellos | **ils**<br>[il] |
| ellas | **elles**<br>[ɛl] |
| nosotros /nosotras/ | **nous**<br>[nu] |
| ustedes, vosotros | **vous**<br>[vu] |
| usted | **Vous**<br>[vu] |

---

| | |
|---|---|
| ENTRADA | **ENTRÉE**<br>[ɑ̃tre] |
| SALIDA | **SORTIE**<br>[sɔrti] |
| FUERA DE SERVICIO | **HORS SERVICE \| EN PANNE**<br>[ɔr sɛrvis \| ɑ̃ pan] |
| CERRADO | **FERMÉ**<br>[fɛrme] |

| | |
|---|---|
| ABIERTO | **OUVERT**<br>[uvɛr] |
| PARA SEÑORAS | **POUR LES FEMMES**<br>[pur le fam] |
| PARA CABALLEROS | **POUR LES HOMMES**<br>[pur le zɔm] |

# Preguntas

| | |
|---|---|
| ¿Dónde? | **Où?**<br>[u?] |
| ¿A dónde? | **Où?**<br>[u?] |
| ¿De dónde? | **D'où?**<br>[du?] |
| ¿Por qué? | **Pourquoi?**<br>[purkwa?] |
| ¿Con que razón? | **Pour quelle raison?**<br>[pur kɛl rɛzɔ̃?] |
| ¿Cuándo? | **Quand?**<br>[kɑ̃?] |

| | |
|---|---|
| ¿Cuánto tiempo? | **Combien de temps?**<br>[kɔ̃bjɛ̃ də tɑ̃?] |
| ¿A qué hora? | **À quelle heure?**<br>[a kɛl œ:r?] |
| ¿Cuánto? | **C'est combien?**<br>[sɛ kɔ̃bjɛ̃?] |
| ¿Tiene ...? | **Avez-vous ... ?**<br>[ave vu ...?] |
| ¿Dónde está ...? | **Où est ..., s'il vous plaît?**<br>[u ɛ ..., sil vu plɛ?] |

| | |
|---|---|
| ¿Qué hora es? | **Quelle heure est-il?**<br>[kɛl œr ɛ-til?] |
| ¿Puedo llamar, por favor? | **Puis-je faire un appel?**<br>[pɥiʒ fɛr œn apɛl?] |
| ¿Quién es? | **Qui est là?**<br>[ki ɛ la?] |
| ¿Se puede fumar aquí? | **Puis-je fumer ici?**<br>[pɥiʒ fyme isi?] |
| ¿Puedo ...? | **Puis-je ...?**<br>[pɥiʒ ...?] |

## Necesidades

| | |
|---|---|
| Quisiera ... | **Je voudrais ...**<br>[ʒə vudrɛ ...] |
| No quiero ... | **Je ne veux pas ...**<br>[ʒə nə vø pɑ ...] |
| Tengo sed. | **J'ai soif.**<br>[ʒe swaf] |
| Tengo sueño. | **Je veux dormir.**<br>[ʒə vø dɔrmi:r] |
| | |
| Quiero ... | **Je veux ...**<br>[ʒə vø ...] |
| lavarme | **me laver**<br>[mə lave] |
| cepillarme los dientes | **brosser mes dents**<br>[brɔse me dɑ̃] |
| descansar un momento | **me reposer un instant**<br>[mə rəpoze œn ɛ̃stɑ̃] |
| cambiarme de ropa | **changer de vêtements**<br>[ʃɑ̃ʒe də vɛtmɑ̃] |
| | |
| volver al hotel | **retourner à l'hôtel**<br>[rəturne a lotɛl] |
| comprar ... | **acheter ...**<br>[aʃte ...] |
| ir a ... | **aller à ...**<br>[ale a ...] |
| visitar ... | **visiter ...**<br>[vizite ...] |
| quedar con ... | **rencontrer ...**<br>[rɑ̃kɔ̃tre ...] |
| hacer una llamada | **faire un appel**<br>[fɛr œn apɛl] |
| | |
| Estoy cansado /cansada/. | **Je suis fatigué /fatiguée/**<br>[ʒə sɥi fatige] |
| Estamos cansados /cansadas/. | **Nous sommes fatigués /fatiguées/**<br>[nu sɔm fatige] |
| Tengo frío. | **J'ai froid.**<br>[ʒe frwɑ] |
| Tengo calor. | **J'ai chaud.**<br>[ʒe ʃo] |
| Estoy bien. | **Je suis bien.**<br>[ʒə sɥi bjɛ̃] |

| | |
|---|---|
| Tengo que hacer una llamada. | **Il me faut faire un appel.**<br>[il mə fo fɛr œn apɛl] |
| Necesito ir al servicio. | **J'ai besoin d'aller aux toilettes.**<br>[ʒe bəzwɛ̃ dale o twalɛt] |
| Me tengo que ir. | **Il faut que j'aille.**<br>[il fo kə ʒaj] |
| Me tengo que ir ahora. | **Je dois partir maintenant.**<br>[ʒə dwa partir mɛ̃tnɑ̃] |

## Preguntar por direcciones

Perdone, ...

**Excusez-moi, ...**
[ɛkskyze mwa, ...]

¿Dónde está ...?

**Où est ..., s'il vous plaît?**
[u ɛ ..., sil vu plɛ?]

¿Por dónde está ...?

**Dans quelle direction est ... ?**
[dɑ̃ kɛl dirɛksjɔ̃ ɛ ... ?]

¿Puede ayudarme, por favor?

**Pouvez-vous m'aider, s'il vous plaît?**
[puve vu mɛde, sil vu plɛ?]

Busco ...

**Je cherche ...**
[ʒə ʃɛrʃ ...]

Busco la salida.

**La sortie, s'il vous plaît?**
[la sɔrti, sil vu plɛ?]

Voy a ...

**Je vais à ...**
[ʒə ve a ...]

¿Voy bien por aquí para ...?

**C'est la bonne direction pour ...?**
[sɛ la bɔn dirɛksjɔ̃ pur ...?]

¿Está lejos?

**C'est loin?**
[sɛ lwɛ̃?]

¿Puedo llegar a pie?

**Est-ce que je peux y aller à pied?**
[ɛskə ʒə pø i ale a pje?]

¿Puede mostrarme en el mapa?

**Pouvez-vous me le montrer
sur la carte?**
[puve vu mə lə mɔ̃tre
syr la kart?]

Por favor muestreme dónde estamos.

**Montrez-moi où sommes-nous,
s'il vous plaît.**
[mɔ̃tre-mwa u sɔm-nu,
sil vu plɛ]

Aquí

**Ici**
[isi]

Allí

**Là-bas**
[labɑ]

Por aquí

**Par ici**
[par isi]

Gire a la derecha.

**Tournez à droite.**
[turne a drwat]

Gire a la izquierda.

**Tournez à gauche.**
[turne a goʃ]

la primera (segunda, tercera) calle

**Prenez la première
(deuxième, troisième) rue.**
[prəne la prəmjɛr
(døzjɛm, trwazjɛm) ry]

a la derecha

**à droite**
[a drwat]

a la izquierda

**à gauche**
[a goʃ]

Siga recto.

**Continuez tout droit.**
[kõtinɥe tu drwa]

# Carteles

| | |
|---|---|
| ¡BIENVENIDO! | **BIENVENUE!**<br>[bjɛ̃vny!] |
| ENTRADA | **ENTRÉE**<br>[ɑ̃tre] |
| SALIDA | **SORTIE**<br>[sɔrti] |

| | |
|---|---|
| EMPUJAR | **POUSSEZ**<br>[puse] |
| TIRAR | **TIREZ**<br>[tire] |
| ABIERTO | **OUVERT**<br>[uvɛr] |
| CERRADO | **FERMÉ**<br>[fɛrme] |

| | |
|---|---|
| PARA SEÑORAS | **POUR LES FEMMES**<br>[pur le fam] |
| PARA CABALLEROS | **POUR LES HOMMES**<br>[pur le zɔm] |
| CABALLEROS | **MESSIEURS**<br>[məsjø] |
| SEÑORAS | **FEMMES**<br>[fam] |

| | |
|---|---|
| REBAJAS | **RABAIS \| SOLDES**<br>[rabɛ \| sɔld] |
| VENTA | **PROMOTION**<br>[prɔmɔsjɔ̃] |
| GRATIS | **GRATUIT**<br>[gratɥi] |
| ¡NUEVO! | **NOUVEAU!**<br>[nuvo!] |
| ATENCIÓN | **ATTENTION!**<br>[atɑ̃sjɔ̃!] |

| | |
|---|---|
| COMPLETO | **COMPLET**<br>[kɔ̃plɛ] |
| RESERVADO | **RÉSERVÉ**<br>[rezɛrve] |
| ADMINISTRACIÓN | **ADMINISTRATION**<br>[administrasjɔ̃] |
| SÓLO PERSONAL AUTORIZADO | **PERSONNEL SEULEMENT**<br>[pɛrsɔnɛl sœlmɑ̃] |

| | |
|---|---|
| CUIDADO CON EL PERRO | **ATTENTION AU CHIEN!**<br>[atɑ̃sjɔ̃ o ʃjɛ̃!] |
| NO FUMAR | **NE PAS FUMER!**<br>[nə pɑ fyme!] |
| NO TOCAR | **NE PAS TOUCHER!**<br>[nə pɑ tuʃe!] |

| | |
|---|---|
| PELIGROSO | **DANGEREUX**<br>[dɑ̃ʒrø] |
| PELIGRO | **DANGER**<br>[dɑ̃ʒe] |
| ALTA TENSIÓN | **HAUTE TENSION**<br>[ot tɑ̃sjɔ̃] |
| PROHIBIDO BAÑARSE | **BAIGNADE INTERDITE!**<br>[bɛɲad ɛ̃tɛrdit!] |

| | |
|---|---|
| FUERA DE SERVICIO | **HORS SERVICE \| EN PANNE**<br>[ɔr sɛrvis \| ɑ̃ pan] |
| INFLAMABLE | **INFLAMMABLE**<br>[ɛ̃flamabl] |
| PROHIBIDO | **INTERDIT**<br>[ɛ̃tɛrdi] |
| PROHIBIDO EL PASO | **ENTRÉE INTERDITE!**<br>[ɑ̃tre ɛ̃tɛrdit!] |
| RECIÉN PINTADO | **PEINTURE FRAÎCHE**<br>[pɛ̃tyr frɛʃ] |

| | |
|---|---|
| CERRADO POR RENOVACIÓN | **FERMÉ POUR TRAVAUX**<br>[fɛrme pur travɔ] |
| EN OBRAS | **TRAVAUX EN COURS**<br>[travɔ ɑ̃ kur] |
| DESVÍO | **DÉVIATION**<br>[devjasjɔ̃] |

## Transporte. Frases generales

| | |
|---|---|
| el avión | **avion**<br>[avjõ] |
| el tren | **train**<br>[trɛ̃] |
| el bus | **bus, autobus**<br>[bys, otobys] |
| el ferry | **ferry**<br>[feri] |
| el taxi | **taxi**<br>[taksi] |
| el coche | **voiture**<br>[vwatyr] |
| el horario | **horaire**<br>[ɔrɛr] |
| ¿Dónde puedo ver el horario? | **Où puis-je voir l'horaire?**<br>[u pµiʒ vwar lɔrɛ:r?] |
| días laborables | **jours ouvrables**<br>[ʒur uvrabl] |
| fines de semana | **jours non ouvrables**<br>[ʒur nɔn uvrabl] |
| días festivos | **jours fériés**<br>[ʒur ferje] |
| SALIDA | **DÉPART**<br>[depar] |
| LLEGADA | **ARRIVÉE**<br>[arive] |
| RETRASADO | **RETARDÉE**<br>[rətarde] |
| CANCELADO | **ANNULÉE**<br>[anyle] |
| siguiente (tren, etc.) | **prochain**<br>[prɔʃɛ̃] |
| primero | **premier**<br>[prəmje] |
| último | **dernier**<br>[dɛrnje] |
| ¿Cuándo pasa el siguiente ...? | **À quelle heure est le prochain ...?**<br>[a kɛl œr ɛ lə prɔʃɛ̃ ...?] |
| ¿Cuándo pasa el primer ...? | **À quelle heure est le premier ...?**<br>[a kɛl œr ɛ lə prəmje ...?] |

| | |
|---|---|
| ¿Cuándo pasa el último ...? | **À quelle heure est le dernier ...?** [a kɛl œr ɛ lə dɛrnje ...?] |
| el trasbordo (cambio de trenes, etc.) | **correspondance** [kɔrɛspɔ̃dɑ̃s] |
| hacer un trasbordo | **prendre la correspondance** [prɑ̃dr la kɔrɛspɔ̃dɑ̃s] |
| ¿Tengo que hacer un trasbordo? | **Dois-je prendre la correspondance?** [dwaʒ prɑ̃dr la kɔrɛspɔ̃dɑ̃s?] |

## Comprar billetes

¿Dónde puedo comprar un billete?

el billete

comprar un billete

precio del billete

**Où puis-je acheter des billets?**
[u pчiʒ aʃte de bijɛ?]
**billet**
[bijɛ]
**acheter un billet**
[aʃte œ̃ bijɛ]
**le prix d'un billet**
[lə pri dœ̃ bijɛ]

---

¿Para dónde?

¿A qué estación?

Necesito ...

un billete

dos billetes

tres billetes

**Pour aller où?**
[pur ale u?]
**Quelle destination?**
[kɛl dɛstinasjõ?]
**Je voudrais ...**
[ʒə vudrɛ ...]
**un billet**
[œ̃ bijɛ]
**deux billets**
[dø bijɛ]
**trois billets**
[trwɑ bijɛ]

---

sólo ida

ida y vuelta

en primera (primera clase)

en segunda (segunda clase)

**aller simple**
[ale sɛ̃pl]
**aller-retour**
[ale-rətur]
**première classe**
[prəmjɛr klɑs]
**classe économique**
[klɑs ekɔnɔmik]

---

hoy

mañana

pasado mañana

por la mañana

por la tarde

por la noche

**aujourd'hui**
[oʒurdчi]
**demain**
[dəmɛ̃]
**après-demain**
[aprɛdmɛ̃]
**dans la matinée**
[dɑ̃ la matine]
**l'après-midi**
[laprɛmidi]
**dans la soirée**
[dɑ̃ la sware]

asiento de pasillo

**siège côté couloir**
[sjɛʒ kote kulwar]

asiento de ventanilla

**siège côté fenêtre**
[sjɛʒ kote fənɛtr]

¿Cuánto cuesta?

**C'est combien?**
[sɛ kɔ̃bjɛ̃?]

¿Puedo pagar con tarjeta?

**Puis-je payer avec la carte?**
[pɥiʒ peje avɛk la kart?]

## Autobús

| | |
|---|---|
| el autobús | **bus, autobus**<br>[otɔbys] |
| el autobús interurbano | **autocar**<br>[otɔkar] |
| la parada de autobús | **arrêt d'autobus**<br>[arɛ dotɔbys] |
| ¿Dónde está la parada<br>de autobuses más cercana? | **Où est l'arrêt d'autobus**<br>**le plus proche?**<br>[u ɛ larɛ dotɔbys<br>lə ply prɔʃ?] |

| | |
|---|---|
| número | **numéro**<br>[nymero] |
| ¿Qué autobús tengo que tomar para ...? | **Quel bus dois-je prendre**<br>**pour aller à ...?**<br>[kɛl bys dwaʒ prɑ̃dr<br>pur ale a ...?] |
| ¿Este autobús va a ...? | **Est-ce que ce bus va à ...?**<br>[ɛskə sə bys va a ...?] |
| ¿Cada cuanto pasa el autobús? | **L'autobus passe tous les combien?**<br>[lotɔbys pɑs tu le kɔ̃bjɛ̃?] |

| | |
|---|---|
| cada 15 minutos | **chaque quart d'heure**<br>[ʃak kar dœr] |
| cada media hora | **chaque demi-heure**<br>[ʃak dəmiœr] |
| cada hora | **chaque heure**<br>[ʃak œr] |
| varias veces al día | **plusieurs fois par jour**<br>[plyzjœr fwa par ʒur] |
| ... veces al día | **... fois par jour**<br>[... fwa par ʒur] |

| | |
|---|---|
| el horario | **horaire**<br>[ɔrɛr] |
| ¿Dónde puedo ver el horario? | **Où puis-je voir l'horaire?**<br>[u pɥiʒ vwar lɔrɛːr?] |
| ¿Cuándo pasa el siguiente autobús? | **À quelle heure passe le prochain bus?**<br>[a kɛl œr pɑs lə prɔʃɛ̃ bys?] |
| ¿Cuándo pasa el primer autobús? | **À quelle heure passe le premier bus?**<br>[a kɛl œr pɑs lə prəmje bys?] |
| ¿Cuándo pasa el último autobús? | **À quelle heure passe le dernier bus?**<br>[a kɛl œr pɑs lə dɛrnje bys?] |

| la parada | **arrêt** |
| | [arɛ] |
| la siguiente parada | **prochain arrêt** |
| | [prɔʃɛn arɛ] |
| la última parada | **terminus** |
| | [tɛrminys] |
| Pare aquí, por favor. | **Pouvez-vous arrêter ici, s'il vous plaît.** |
| | [puve vu arɛte isi, sil vu plɛ] |
| Perdone, esta es mi parada. | **Excusez-moi, c'est mon arrêt.** |
| | [ɛkskyze mwa, sɛ mɔ̃n arɛ] |

# Tren

| | |
|---|---|
| el tren | **train**<br>[trɛ̃] |
| el tren de cercanías | **train de banlieue**<br>[trɛ̃ də bɑ̃ljø] |
| el tren de larga distancia | **train de grande ligne**<br>[trɛ̃ də grɑ̃d liɲ] |
| la estación de tren | **la gare**<br>[la gar] |
| Perdone, ¿dónde está<br>la salida al anden? | **Excusez-moi, où est la sortie**<br>**vers les quais?**<br>[ɛkskyze mwa, u ɛ la sɔrti<br>vɛr le ke?] |

| | |
|---|---|
| ¿Este tren va a ...? | **Est-ce que ce train va à ...?**<br>[ɛskə sə trɛ̃ va a ...?] |
| el siguiente tren | **le prochain train**<br>[lə prɔʃɛ̃ trɛ̃] |
| ¿Cuándo pasa el siguiente tren? | **À quelle heure est le prochain train?**<br>[a kɛl œr ɛ lə prɔʃɛ̃ trɛ̃?] |
| ¿Dónde puedo ver el horario? | **Où puis-je voir l'horaire?**<br>[u pɥiʒ vwar lɔrɛ:r?] |
| ¿De qué andén? | **De quel quai?**<br>[də kɛl ke?] |
| ¿Cuándo llega el tren a ...? | **À quelle heure arrive le train à ...?**<br>[a kɛl œr ariv lə trɛ̃ a ...?] |

| | |
|---|---|
| Ayudeme, por favor. | **Pouvez-vous m'aider, s'il vous plaît?**<br>[puve-vu mɛde, sil vu plɛ?] |
| Busco mi asiento. | **Je cherche ma place.**<br>[ʒə ʃɛrʃ ma plas] |
| Buscamos nuestros asientos. | **Nous cherchons nos places.**<br>[nu ʃɛrʃɔ̃ no plas] |
| Mi asiento está ocupado. | **Ma place est occupée.**<br>[ma plas ɛtokype] |
| Nuestros asientos están ocupados. | **Nos places sont occupées.**<br>[no plas sɔ̃ ɔkype] |

| | |
|---|---|
| Perdone, pero ese es mi asiento. | **Excusez-moi, mais c'est ma place.**<br>[ɛkskyze mwa, mɛ sɛ ma plas] |
| ¿Está libre? | **Est-ce que cette place est libre?**<br>[ɛskə sɛt plas ɛ li:br?] |
| ¿Puedo sentarme aquí? | **Puis-je m'asseoir ici?**<br>[pɥiʒ maswar isi?] |

## En el tren. Diálogo (Sin billete)

Su billete, por favor.

No tengo billete.

He perdido mi billete.

He olvidado mi billete en casa.

**Votre billet, s'il vous plaît.**
[vɔtr bijɛ, sil vu plɛ]
**Je n'ai pas de billet.**
[ʒə ne pɑ də bijɛ]
**J'ai perdu mon billet.**
[ʒe pɛrdy mɔ̃ bijɛ]
**J'ai oublié mon billet à la maison.**
[ʒe ublije mɔ̃ bijɛ a la mɛzɔ̃]

Le puedo vender un billete.

También deberá pagar una multa.

Vale.

¿A dónde va usted?

Voy a ...

**Vous pouvez m'acheter un billet.**
[vu puve maʃte œ̃ bijɛ]
**Vous devrez aussi payer une amende.**
[vu dəvre osi peje yn amɑ̃d]
**D'accord.**
[dakɔːr]
**Où allez-vous?**
[u ale-vu?]
**Je vais à ...**
[ʒə ve a ...]

¿Cuánto es? No lo entiendo.

Escríbalo, por favor.

Vale. ¿Puedo pagar con tarjeta?

Sí, puede.

**Combien? Je ne comprend pas.**
[kɔ̃bjɛ̃? ʒə nə kɔ̃prɑ̃ pɑ]
**Pouvez-vous l'écrire, s'il vous plaît.**
[puve vu lekrir, sil vu plɛ]
**D'accord. Puis-je payer avec la carte?**
[dakɔːr. pɥiʒ peje avɛk la kart?]
**Oui, bien sûr.**
[wi, bjɛ̃ syːr]

Aquí está su recibo.

Disculpe por la multa.

No pasa nada. Fue culpa mía.

Disfrute su viaje.

**Voici votre reçu.**
[vwasi vɔtr rəsy]
**Désolé pour l'amende.**
[dezɔle pur lamɑ̃ːd]
**Ça va. C'est de ma faute.**
[sa va. sɛ də ma fot]
**Bon voyage.**
[bɔ̃ vwajaːʒ]

## Taxi

| | |
|---|---|
| taxi | **taxi**<br>[taksi] |
| taxista | **chauffeur de taxi**<br>[ʃofœr də taksi] |
| coger un taxi | **prendre un taxi**<br>[prɑ̃dr œ̃ taksi] |
| parada de taxis | **arrêt de taxi**<br>[arɛ də taksi] |
| ¿Dónde puedo coger un taxi? | **Où puis-je trouver un taxi?**<br>[u pɥiʒ truve œ̃ taksi?] |
| llamar a un taxi | **appeler un taxi**<br>[aple œ̃ taksi] |
| Necesito un taxi. | **Il me faut un taxi.**<br>[il mə fo œ̃ taksi] |
| Ahora mismo. | **maintenant**<br>[mɛ̃tnɑ̃] |
| ¿Cuál es su dirección? | **Quelle est votre adresse?**<br>[kɛl ɛ vɔtr adrɛs?] |
| Mi dirección es ... | **Mon adresse est ...**<br>[mɔn adrɛs ɛ ...] |
| ¿Cuál es el destino? | **Votre destination?**<br>[vɔtr dɛstinasjɔ̃?] |
| Perdone, ... | **Excusez-moi, ...**<br>[ɛkskyze mwa, ...] |
| ¿Está libre? | **Vous êtes libre ?**<br>[vuzɛt libr?] |
| ¿Cuánto cuesta ir a ...? | **Combien ça coûte pour aller à ...?**<br>[kɔ̃bjɛ̃ sa kut pur ale a ...?] |
| ¿Sabe usted dónde está? | **Vous savez où ça se trouve?**<br>[vu save u sa sə tru:v?] |
| Al aeropuerto, por favor. | **À l'aéroport, s'il vous plaît.**<br>[a laerɔpɔ:r, sil vu plɛ] |
| Pare aquí, por favor. | **Arrêtez ici, s'il vous plaît.**<br>[arɛte isi, sil vu plɛ] |
| No es aquí. | **Ce n'est pas ici.**<br>[sə nɛ pɑ isi] |
| La dirección no es correcta. | **C'est la mauvaise adresse.**<br>[sɛ la mɔvɛz adrɛs] |
| Gire a la izquierda. | **tournez à gauche**<br>[turne a goʃ] |
| Gire a la derecha. | **tournez à droite**<br>[turne a drwat] |

¿Cuánto le debo?

**Combien je vous dois?**
[kɔ̃bjɛ̃ ʒə vu dwa?]

¿Me da un recibo, por favor?

**J'aimerais avoir un reçu,
s'il vous plaît.**
[ʒɛmrɛ avwar œ̃ rəsy,
sil vu plɛ]

Quédese con el cambio.

**Gardez la monnaie.**
[garde la mɔnɛ]

Espéreme, por favor.

**Attendez-moi, s'il vous plaît ...**
[atɑ̃de-mwa, sil vu plɛ ...]

cinco minutos

**cinq minutes**
[sɛ̃k minyt]

diez minutos

**dix minutes**
[di minyt]

quince minutos

**quinze minutes**
[kɛ̃z minyt]

veinte minutos

**vingt minutes**
[vɛ̃ minyt]

media hora

**une demi-heure**
[yn dəmiœr]

# Hotel

| | |
|---|---|
| Hola. | **Bonjour.** [bɔ̃ʒu:r] |
| Me llamo … | **Je m'appelle …** [ʒə mapɛl …] |
| Tengo una reserva. | **J'ai réservé une chambre.** [ʒe rezɛrve yn ʃɑ̃:br] |

| | |
|---|---|
| Necesito … | **Je voudrais …** [ʒə vudrɛ …] |
| una habitación individual | **une chambre simple** [yn ʃɑ̃br sɛ̃pl] |
| una habitación doble | **une chambre double** [yn ʃɑ̃br dubl] |
| ¿Cuánto cuesta? | **C'est combien?** [sɛ kɔ̃bjɛ̃?] |
| Es un poco caro. | **C'est un peu cher.** [sɛtœ̃pø ʃɛ:r] |

| | |
|---|---|
| ¿Tiene alguna más? | **Avez-vous autre chose?** [ave vu otr ʃo:z?] |
| Me quedo. | **Je vais la prendre.** [ʒə ve la prɑ̃dr] |
| Pagaré en efectivo. | **Je vais payer comptant.** [ʒə ve peje kɔ̃tɑ̃] |

| | |
|---|---|
| Tengo un problema. | **J'ai un problème.** [ʒe œ̃ prɔblɛm] |
| Mi … no funciona. | **… est cassé /cassée/** [… ɛ kɑse] |
| Mi … está fuera de servicio. | **… ne fonctionne pas.** [… nə fɔ̃ksjɔn pɑ] |
| televisión | **la télé …** [la tele …] |
| aire acondicionado | **air conditionné …** [ɛr kɔ̃disjɔne …] |
| grifo | **le robinet …** [lə rɔbinɛ …] |

| | |
|---|---|
| ducha | **ma douche …** [ma duʃ …] |
| lavabo | **mon évier …** [mon evje …] |
| caja fuerte | **mon coffre-fort …** [mɔ̃ kɔfr-fɔr …] |

| cerradura | la serrure de porte ...<br>[la seryr də pɔrt ...] |
| enchufe | la prise électrique ...<br>[la priz elɛktrik ...] |
| secador de pelo | mon sèche-cheveux ...<br>[mɔ̃ sɛʃ ʃəvø ...] |

| No tengo ... | Je n'ai pas ...<br>[ʒə ne pɑ ...] |
| agua | d'eau<br>[do] |
| luz | de lumière<br>[də lymjɛr] |
| electricidad | d'électricité<br>[delɛktrisite] |

| ¿Me puede dar ...? | Pouvez-vous me donner ...?<br>[puve vu mə dɔne ...?] |
| una toalla | une serviette<br>[yn sɛrvjɛt] |
| una sábana | une couverture<br>[yn kuvɛrtyr] |
| unas chanclas | des pantoufles<br>[de pɑ̃tufl] |
| un albornoz | une robe de chambre<br>[yn rɔb də ʃɑ̃br] |
| un champú | du shampooing<br>[dy ʃɑ̃pwɛ̃] |
| jabón | du savon<br>[dy savɔ̃] |

| Quisiera cambiar de habitación. | Je voudrais changer ma chambre.<br>[ʒə vudrɛ ʃɑ̃ʒe ma ʃɑ̃:br] |
| No puedo encontrar mi llave. | Je ne trouve pas ma clé.<br>[ʒə nə truv pɑ ma kle] |
| Por favor abra mi habitación. | Pourriez-vous ouvrir ma chambre,<br>s'il vous plaît?<br>[purje-vu uvrir ma ʃɑ̃:br,<br>sil vu plɛ?] |

| ¿Quién es? | Qui est là?<br>[ki ɛ la?] |
| ¡Entre! | Entrez!<br>[ɑ̃tre!] |
| ¡Un momento! | Une minute!<br>[yn minyt!] |

| Ahora no, por favor. | Pas maintenant, s'il vous plaît.<br>[pɑ mɛ̃tnɑ̃, sil vu plɛ] |
| Venga a mi habitación, por favor. | Pouvez-vous venir à ma chambre,<br>s'il vous plaît.<br>[puve vu vənir a ma ʃɑ̃:br,<br>sil vu plɛ] |

| | |
|---|---|
| Quisiera hacer un pedido. | **J'aimerais avoir le service d'étage.**<br>[ʒɛmrɛ avwar lə sɛrvis deta:ʒ] |
| Mi número de habitación es ... | **Mon numéro de chambre est le ...**<br>[mɔ̃ nymero də ʃɑ̃br ɛ lə ...] |

| | |
|---|---|
| Me voy ... | **Je pars ...**<br>[ʒə par ...] |
| Nos vamos ... | **Nous partons ...**<br>[nu partɔ̃ ...] |
| Ahora mismo | **maintenant**<br>[mɛ̃tnɑ̃] |
| esta tarde | **cet après-midi**<br>[sɛt aprɛmidi] |
| esta noche | **ce soir**<br>[sə swar] |
| mañana | **demain**<br>[dəmɛ̃] |
| mañana por la mañana | **demain matin**<br>[dəmɛ̃ matɛ̃] |
| mañana por la noche | **demain après-midi**<br>[dəmɛ̃ aprɛmidi] |
| pasado mañana | **après-demain**<br>[aprɛdmɛ̃] |

| | |
|---|---|
| Quisiera pagar la cuenta. | **Je voudrais régler mon compte.**<br>[ʒə vudrɛ regle mɔ̃ kɔ̃:t] |
| Todo ha estado estupendo. | **Tout était merveilleux.**<br>[tutetɛ mɛrvɛjø] |
| ¿Dónde puedo coger un taxi? | **Où puis-je trouver un taxi?**<br>[u pɥiʒ truve œ̃ taksi?] |
| ¿Puede llamarme un taxi, por favor? | **Pourriez-vous m'appeler un taxi, s'il vous plaît?**<br>[purje-vu maple œ̃ taksi, sil vu plɛ?] |

## Restaurante

| | |
|---|---|
| ¿Puedo ver el menú, por favor? | **Puis-je voir le menu, s'il vous plaît?**<br>[pyiʒ vwar lə məny, sil vu plɛ?] |
| Mesa para uno. | **Une table pour une personne.**<br>[yn tabl pur yn pɛrsɔn] |
| Somos dos (tres, cuatro). | **Nous sommes deux (trois, quatre).**<br>[nu sɔm dø (trwa, katr)] |

| | |
|---|---|
| Para fumadores | **Fumeurs**<br>[fymœr] |
| Para no fumadores | **Non-fumeurs**<br>[nɔ̃-fymœr] |
| ¡Por favor! (llamar al camarero) | **S'il vous plaît!**<br>[sil vu plɛ!] |
| la carta | **menu**<br>[məny] |
| la carta de vinos | **carte des vins**<br>[kart de vɛ̃] |
| La carta, por favor. | **Le menu, s'il vous plaît.**<br>[lə məny, sil vu plɛ] |

| | |
|---|---|
| ¿Está listo para pedir? | **Êtes-vous prêts à commander?**<br>[ɛt-vu prɛ a kɔmɑ̃de?] |
| ¿Qué quieren pedir? | **Qu'allez-vous prendre?**<br>[kale-vu prɑ̃dr?] |
| Yo quiero ... | **Je vais prendre ...**<br>[ʒə ve prɑ̃dr ...] |

| | |
|---|---|
| Soy vegetariano. | **Je suis végétarien.**<br>[ʒə sɥi veʒetarjɛ̃] |
| carne | **viande**<br>[vjɑ̃d] |
| pescado | **poisson**<br>[pwasɔ̃] |
| verduras | **légumes**<br>[legym] |

| | |
|---|---|
| ¿Tiene platos para vegetarianos? | **Avez-vous des plats végétariens?**<br>[ave vu de pla veʒetarjɛ̃?] |
| No como cerdo. | **Je ne mange pas de porc.**<br>[ʒə nə mɑ̃ʒ pa də pɔ:r] |
| Él /Ella/ no come carne. | **Il /elle/ ne mange pas de viande.**<br>[il /ɛl/ nə mɑ̃ʒ pa də vjɑ̃:d] |
| Soy alérgico a ... | **Je suis allergique à ...**<br>[ʒə sɥi alɛrʒik a ...] |

¿Me puede traer ..., por favor?

**Pourriez-vous m'apporter ...,
s'il vous plaît.**
[purje-vu mapɔrte ... ,
sil vu plɛ]

sal | pimienta | azúcar

**le sel | le poivre | du sucre**
[lə sɛl | lə pwavr | dy sykr]

café | té | postre

**un café | un thé | un dessert**
[œ̃ kafe | œ̃ te | œ̃ desɛr]

agua | con gas | sin gas

**de l'eau | gazeuse | plate**
[də lo | gɑzøz | plat]

una cuchara | un tenedor | un cuchillo

**une cuillère | une fourchette |
un couteau**
[yn kɥijɛr | yn furʃɛt |
œ̃ kuto]

un plato | una servilleta

**une assiette | une serviette**
[yn asjɛt | yn sɛrvjɛt]

---

¡Buen provecho!

**Bon appétit!**
[bɔn apeti!]

Uno más, por favor.

**Un de plus, s'il vous plaît.**
[œ̃ də plys, sil vu plɛ]

Estaba delicioso.

**C'était délicieux.**
[setɛ delisjø]

---

la cuenta | el cambio | la propina

**l'addition | de la monnaie |
le pourboire**
[ladisjɔ̃ | də la mɔnɛ | lə purbwar]

La cuenta, por favor.

**L'addition, s'il vous plaît.**
[ladisjɔ̃, sil vu plɛ]

¿Puedo pagar con tarjeta?

**Puis-je payer avec la carte?**
[pɥiʒ peje avɛk la kart?]

Perdone, aquí hay un error.

**Excusez-moi, je crois qu'il y a une
erreur ici.**
[ɛkskyze mwa, ʒə krwa kilja yn
ɛrœr isi]

## De Compras

| | |
|---|---|
| ¿Puedo ayudarle? | **Est-ce que je peux vous aider?**<br>[ɛskə ʒə pø vuzɛde?] |
| ¿Tiene ...? | **Avez-vous ... ?**<br>[ave vu ...?] |
| Busco ... | **Je cherche ...**<br>[ʒə ʃɛrʃ ...] |
| Necesito ... | **Il me faut ...**<br>[il mə fo ...] |

| | |
|---|---|
| Sólo estoy mirando. | **Je regarde seulement, merci.**<br>[ʒə rəgard sœlmɑ̃, mɛrsi] |
| Sólo estamos mirando. | **Nous regardons seulement, merci.**<br>[nu rəgardɔ̃ sœlmɑ̃, mɛrsi] |
| Volveré más tarde. | **Je reviendrai plus tard.**<br>[ʒə rəvjɛ̃dre ply ta:r] |
| Volveremos más tarde. | **On reviendra plus tard.**<br>[ɔ̃ rəvjɛ̃dra ply ta:r] |
| descuentos \| oferta | **Rabais \| Soldes**<br>[rabɛ \| sɔld] |

| | |
|---|---|
| Por favor, enséñeme ... | **Montrez-moi, s'il vous plaît ...**<br>[mɔ̃tre-mwa, sil vu plɛ ...] |
| ¿Me puede dar ..., por favor? | **Donnez-moi, s'il vous plaît ...**<br>[dɔne-mwa, sil vu plɛ ...] |
| ¿Puedo probarmelo? | **Est-ce que je peux l'essayer?**<br>[ɛskə ʒə pø lesɛje?] |
| Perdone, ¿dónde están los probadores? | **Excusez-moi, où est la cabine d'essayage?**<br>[ɛkskyze mwa, u ɛ la kabin desɛja:ʒ?] |
| ¿Qué color le gustaría? | **Quelle couleur aimeriez-vous?**<br>[kɛl kulœr ɛmərje-vu?] |
| la talla \| el largo | **taille \| longueur**<br>[tɑj \| lɔ̃gœr] |
| ¿Cómo le queda? (¿Está bien?) | **Est-ce que la taille convient ?**<br>[ɛskə la tɑj kɔ̃vjɛ̃?] |

| | |
|---|---|
| ¿Cuánto cuesta esto? | **Combien ça coûte?**<br>[kɔ̃bjɛ̃ sa kut?] |
| Es muy caro. | **C'est trop cher.**<br>[sɛ tro ʃɛ:r] |
| Me lo llevo. | **Je vais le prendre.**<br>[ʒə ve lə prɑ̃dr] |

Perdone, ¿dónde está la caja?

**Excusez-moi, où est la caisse?**
[ɛkskyze mwa, u ɛ la kɛs?]

¿Pagará en efectivo o con tarjeta?

**Payerez-vous comptant ou par carte de crédit?**
[pɛjre-vu kɔ̃tɑ̃ u par kart də kredi?]

en efectivo | con tarjeta

**Comptant | par carte de crédit**
[kɔ̃tɑ̃ | par kart də kredi]

---

¿Quiere el recibo?

**Voulez-vous un reçu?**
[vule vu œ̃ rəsy?]

Sí, por favor.

**Oui, s'il vous plaît.**
[wi, sil vu plɛ]

No, gracias.

**Non, ce n'est pas nécessaire.**
[nɔ̃, sə nɛ pɑ nesesɛːr]

Gracias. ¡Que tenga un buen día!

**Merci. Bonne journée!**
[mɛrsi. bɔn ʒurne!]

# En la ciudad

| | |
|---|---|
| Perdone, por favor. | **Excusez-moi, ...** <br> [εkskyze mwa, ...] |
| Busco ... | **Je cherche ...** <br> [ʒə ʃɛrʃ ...] |
| el metro | **le métro** <br> [lə metro] |
| mi hotel | **mon hôtel** <br> [mɔn otɛl] |
| el cine | **le cinéma** <br> [lə sinema] |
| una parada de taxis | **un arrêt de taxi** <br> [œn arɛ də taksi] |
| un cajero automático | **un distributeur** <br> [œ̃ distribytœːr] |
| una oficina de cambio | **un bureau de change** <br> [œ̃ byro də ʃɑ̃ʒ] |
| un cibercafé | **un café internet** <br> [œ̃ kafe ε̃tɛrnɛt] |
| la calle ... | **la rue ...** <br> [la ry ...] |
| este lugar | **cette place-ci** <br> [sɛt plas-si] |
| ¿Sabe usted dónde está ...? | **Savez-vous où se trouve ...?** <br> [save vu u sə truv ...?] |
| ¿Cómo se llama esta calle? | **Quelle est cette rue?** <br> [kɛl ε sɛt ry?] |
| Muestreme dónde estamos ahora. | **Montrez-moi où sommes-nous, s'il vous plaît.** <br> [mɔ̃tre-mwa u sɔm-nu, sil vu plɛ] |
| ¿Puedo llegar a pie? | **Est-ce que je peux y aller à pied?** <br> [ɛskə ʒə pø i ale a pje?] |
| ¿Tiene un mapa de la ciudad? | **Avez-vous une carte de la ville?** <br> [ave vu yn kart də la vil?] |
| ¿Cuánto cuesta la entrada? | **C'est combien pour un ticket?** <br> [sɛ kɔ̃bjɛ̃ pur œ̃ tikɛ?] |
| ¿Se pueden hacer fotos aquí? | **Est-ce que je peux faire des photos?** <br> [ɛskə ʒə pø fɛr de fɔto?] |
| ¿Está abierto? | **Êtes-vous ouvert?** <br> [ɛt-vu uvɛːr?] |

¿A qué hora abren?

**À quelle heure ouvrez-vous?**
[a kɛl œr uvre-vu?]

¿A qué hora cierran?

**À quelle heure fermez-vous?**
[a kɛl œr fɛrme-vu?]

# Dinero

| | |
|---|---|
| dinero | **argent**<br>[arʒɑ̃] |
| efectivo | **argent liquide**<br>[arʒɑ̃ likid] |
| billetes | **des billets**<br>[de bijɛ] |
| monedas | **petite monnaie**<br>[pətit mɔnɛ] |
| la cuenta \| el cambio \| la propina | **l'addition \| de la monnaie \|**<br>**le pourboire**<br>[ladisjɔ̃ \| də la mɔnɛ \|<br>lə purbwar] |

| | |
|---|---|
| la tarjeta de crédito | **carte de crédit**<br>[kart də kredi] |
| la cartera | **portefeuille**<br>[pɔrtəfœj] |
| comprar | **acheter**<br>[aʃte] |
| pagar | **payer**<br>[peje] |
| la multa | **amende**<br>[amɑ̃d] |
| gratis | **gratuit**<br>[gratɥi] |

| | |
|---|---|
| ¿Dónde puedo comprar ...? | **Où puis-je acheter ... ?**<br>[u pɥiʒ aʃte ...?] |
| ¿Está el banco abierto ahora? | **Est-ce que la banque est ouverte**<br>**en ce moment?**<br>[ɛskə la bɑ̃k ɛtuvɛrt<br>ɑ̃ sə mɔmɑ̃?] |
| ¿A qué hora abre? | **À quelle heure ouvre-t-elle?**<br>[a kɛl œr uvr-tɛl?] |
| ¿A qué hora cierra? | **À quelle heure ferme-t-elle?**<br>[a kɛl œr fɛrm-tɛl?] |

| | |
|---|---|
| ¿Cuánto cuesta? | **C'est combien?**<br>[sɛ kɔ̃bjɛ̃?] |
| ¿Cuánto cuesta esto? | **Combien ça coûte?**<br>[kɔ̃bjɛ̃ sa kut?] |
| Es muy caro. | **C'est trop cher.**<br>[sɛ tro ʃɛːr] |

| | |
|---|---|
| Perdone, ¿dónde está la caja? | **Excusez-moi, où est la caisse?**<br>[ɛkskyze mwa, u ɛ la kɛs?] |
| La cuenta, por favor. | **L'addition, s'il vous plaît.**<br>[ladisjɔ̃, sil vu plɛ] |
| ¿Puedo pagar con tarjeta? | **Puis-je payer avec la carte?**<br>[pɥiʒ peje avɛk la kart?] |
| ¿Hay un cajero por aquí? | **Est-ce qu'il y a un distributeur ici?**<br>[ɛskilja œ̃ distribytœːr isi?] |
| Busco un cajero automático. | **Je cherche un distributeur.**<br>[ʒə ʃɛrʃ œ̃ distribytœːr] |

| | |
|---|---|
| Busco una oficina de cambio. | **Je cherche un bureau de change.**<br>[ʒə ʃɛrʃ œ̃ byro də ʃɑ̃ːʒ] |
| Quisiera cambiar ... | **Je voudrais changer ...**<br>[ʒə vudrɛ ʃɑ̃ʒe ...] |
| ¿Cuál es el tipo de cambio? | **Quel est le taux de change?**<br>[kɛl ɛ lə to də ʃɑ̃ːʒ?] |
| ¿Necesita mi pasaporte? | **Avez-vous besoin de mon passeport?**<br>[ave vu bəzwɛ̃ də mɔ̃ paspɔːr?] |

## Tiempo

| | |
|---|---|
| ¿Qué hora es? | **Quelle heure est-il?**<br>[kɛl œr ɛ-til?] |
| ¿Cuándo? | **Quand?**<br>[kɑ̃?] |
| ¿A qué hora? | **À quelle heure?**<br>[a kɛl œ:r?] |
| ahora \| luego \| después de ... | **maintenant \| plus tard \| après ...**<br>[mɛ̃tnɑ̃ \| ply tar \| aprɛ ...] |
| la una | **une heure**<br>[yn œ:r] |
| la una y cuarto | **une heure et quart**<br>[yn œ:r e kar] |
| la una y medio | **une heure et demie**<br>[yn œ:r e dəmi] |
| las dos menos cuarto | **deux heures moins quart**<br>[døzœr mwɛ̃ kar] |
| una \| dos \| tres | **un \| deux \| trois**<br>[œ̃ \| dø \| trwɑ] |
| cuatro \| cinco \| seis | **quatre \| cinq \| six**<br>[katr \| sɛ̃k \| sis] |
| siete \| ocho \| nueve | **sept \| huit \| neuf**<br>[sɛt \| ɥit \| nœf] |
| diez \| once \| doce | **dix \| onze \| douze**<br>[dis \| ɔ̃z \| duz] |
| en ... | **dans ...**<br>[dɑ̃ ...] |
| cinco minutos | **cinq minutes**<br>[sɛ̃k minyt] |
| diez minutos | **dix minutes**<br>[di minyt] |
| quince minutos | **quinze minutes**<br>[kɛ̃z minyt] |
| veinte minutos | **vingt minutes**<br>[vɛ̃ minyt] |
| media hora | **une demi-heure**<br>[yn dəmiœr] |
| una hora | **une heure**<br>[yn œ:r] |
| por la mañana | **dans la matinée**<br>[dɑ̃ la matine] |

| | |
|---|---|
| por la mañana temprano | **tôt le matin**<br>[to lə matɛ̃] |
| esta mañana | **ce matin**<br>[sə matɛ̃] |
| mañana por la mañana | **demain matin**<br>[dəmɛ̃ matɛ̃] |

| | |
|---|---|
| al mediodía | **à midi**<br>[a midi] |
| por la tarde | **dans l'après-midi**<br>[dɑ̃ laprɛmidi] |
| por la noche | **dans la soirée**<br>[dɑ̃ la sware] |
| esta noche | **ce soir**<br>[sə swar] |

| | |
|---|---|
| por la noche | **la nuit**<br>[la nɥi] |
| ayer | **hier**<br>[jɛr] |
| hoy | **aujourd'hui**<br>[oʒurdɥi] |
| mañana | **demain**<br>[dəmɛ̃] |
| pasado mañana | **après-demain**<br>[aprɛdmɛ̃] |

| | |
|---|---|
| ¿Qué día es hoy? | **Quel jour sommes-nous aujourd'hui?**<br>[kɛl ʒur sɔm-nu oʒurdɥi?] |
| Es ... | **Nous sommes ...**<br>[nu sɔm ...] |
| lunes | **lundi**<br>[lœ̃di] |
| martes | **mardi**<br>[mardi] |
| miércoles | **mercredi**<br>[mɛrkrədi] |

| | |
|---|---|
| jueves | **jeudi**<br>[ʒødi] |
| viernes | **vendredi**<br>[vɑ̃drədi] |
| sábado | **samedi**<br>[samdi] |
| domingo | **dimanche**<br>[dimɑ̃ʃ] |

## Saludos. Presentaciones.

| | |
|---|---|
| Hola. | **Bonjour.**<br>[bõʒuːr] |
| Encantado /Encantada/ de conocerle. | **Enchanté /Enchantée/**<br>[ãʃãte] |
| Yo también. | **Moi aussi.**<br>[mwa osi] |
| Le presento a … | **Je voudrais vous présenter …**<br>[ʒə vudrɛ vu prezãte …] |
| Encantado. | **Ravi /Ravie/ de vous rencontrer.**<br>[ravi də vu rãkõtre.] |

| | |
|---|---|
| ¿Cómo está? | **Comment allez-vous?**<br>[kɔmãtalevu?] |
| Me llamo … | **Je m'appelle …**<br>[ʒə mapɛl …] |
| Se llama … | **Il s'appelle …**<br>[il sapɛl …] |
| Se llama … | **Elle s'appelle …**<br>[ɛl sapɛl …] |
| ¿Cómo se llama (usted)? | **Comment vous appelez-vous?**<br>[kɔmã vuzaple-vu?] |
| ¿Cómo se llama (él)? | **Quel est son nom?**<br>[kɛl ɛ sõ nõ?] |
| ¿Cómo se llama (ella)? | **Quel est son nom?**<br>[kɛl ɛ sõ nõ?] |

| | |
|---|---|
| ¿Cuál es su apellido? | **Quel est votre nom de famille?**<br>[kɛl ɛ vɔtr nõ də famij?] |
| Puede llamarme … | **Vous pouvez m'appeler …**<br>[vu puve maple …] |
| ¿De dónde es usted? | **D'où êtes-vous?**<br>[du ɛt-vu?] |
| Yo soy de …. | **Je suis de …**<br>[ʒə sɥi də …] |
| ¿A qué se dedica? | **Qu'est-ce que vous faites dans la vie?**<br>[kɛs kə vu fɛt dã la vi?] |
| ¿Quién es? | **Qui est-ce?**<br>[ki ɛs?] |
| ¿Quién es él? | **Qui est-il?**<br>[ki ɛ-til?] |
| ¿Quién es ella? | **Qui est-elle?**<br>[ki ɛtɛl?] |
| ¿Quiénes son? | **Qui sont-ils?**<br>[ki sõ til?] |

| | |
|---|---|
| Este es … | **C'est …**<br>[sɛ …] |
| mi amigo | **mon ami**<br>[mɔn ami] |
| mi amiga | **mon amie**<br>[mɔn ami] |
| mi marido | **mon mari**<br>[mɔ̃ mari] |
| mi mujer | **ma femme**<br>[ma fam] |
| | |
| mi padre | **mon père**<br>[mɔ̃ pɛr] |
| mi madre | **ma mère**<br>[ma mɛr] |
| mi hermano | **mon frère**<br>[mɔ̃ frɛr] |
| mi hermana | **ma soeur**<br>[ma sœr] |
| mi hijo | **mon fils**<br>[mɔ̃ fis] |
| mi hija | **ma fille**<br>[ma fij] |
| | |
| Este es nuestro hijo. | **C'est notre fils.**<br>[sɛ nɔtr fis] |
| Esta es nuestra hija. | **C'est notre fille.**<br>[sɛ nɔtr fij] |
| Estos son mis hijos. | **Ce sont mes enfants.**<br>[sə sɔ̃ mezɑ̃fɑ̃] |
| Estos son nuestros hijos. | **Ce sont nos enfants.**<br>[sə sɔ̃ nozɑ̃fɑ̃] |

# Despedidas

| | |
|---|---|
| ¡Adiós! | **Au revoir!**<br>[o rəvwa:r!] |
| ¡Chau! | **Salut!**<br>[saly!] |
| Hasta mañana. | **À demain.**<br>[a dəmɛ̃] |
| Hasta pronto. | **À bientôt.**<br>[a bjɛ̃to] |
| Te veo a las siete. | **On se revoit à sept heures.**<br>[ɔ̃ sə rəvwa a sɛt œ:r] |
| ¡Que se diviertan! | **Amusez-vous bien!**<br>[amyze vu bjɛ̃!] |
| Hablamos más tarde. | **On se voit plus tard.**<br>[ɔ̃ sə vwa ply ta:r] |
| Que tengas un buen fin de semana. | **Bonne fin de semaine.**<br>[bɔn fɛ̃ də səmɛn] |
| Buenas noches. | **Bonne nuit.**<br>[bɔn nɥi] |
| Es hora de irme. | **Il est l'heure que je parte.**<br>[il ɛ lœr kə ʒə part] |
| Tengo que irme. | **Je dois m'en aller.**<br>[ʒə dwa mɑ̃nale] |
| Ahora vuelvo. | **Je reviens tout de suite.**<br>[ʒə rəvjɛ̃ tu də sɥit] |
| Es tarde. | **Il est tard.**<br>[il ɛ ta:r] |
| Tengo que levantarme temprano. | **Je dois me lever tôt.**<br>[ʒə dwa mə ləve to] |
| Me voy mañana. | **Je pars demain.**<br>[ʒə par dəmɛ̃] |
| Nos vamos mañana. | **Nous partons demain.**<br>[nu partɔ̃ dəmɛ̃] |
| ¡Que tenga un buen viaje! | **Bon voyage!**<br>[bɔ̃ vwaja:ʒ!] |
| Ha sido un placer. | **Enchanté de faire votre connaissance.**<br>[ɑ̃ʃɑ̃te də fɛr vɔtr kɔnɛsɑ̃s] |
| Fue un placer hablar con usted. | **Heureux /Heureuse/<br>d'avoir parlé avec vous.**<br>[ørø /ørøz/<br>davwar parle avɛk vu] |

Gracias por todo.

**Merci pour tout.**
[mɛrsi pur tu]

Lo he pasado muy bien.

**Je me suis vraiment amusé /amusée/**
[ʒə mə sɥi vrɛmɑ̃ amyze]

Lo pasamos muy bien.

**Nous nous sommes vraiment amusés /amusées/**
[nu nu sɔm vrɛmɑ̃ amyze]

Fue genial.

**C'était vraiment plaisant.**
[setɛ vrɛmɑ̃ plɛzɑ̃]

Le voy a echar de menos.

**Vous allez me manquer.**
[vuzale mə mɑ̃ke]

Le vamos a echar de menos.

**Vous allez nous manquer.**
[vuzale nu mɑ̃ke]

¡Suerte!

**Bonne chance!**
[bɔn ʃɑ̃:s!]

Saludos a …

**Mes salutations à …**
[me salytasjɔ̃ a …]

# Idioma extranjero

| No entiendo. | **Je ne comprends pas.**<br>[ʒə nə kɔ̃prɑ̃ pa] |
| Escríbalo, por favor. | **Écrivez-le, s'il vous plaît.**<br>[ekrive lə, sil vu plɛ] |
| ¿Habla usted ...? | **Parlez-vous ...?**<br>[parle vu ...?] |

| Hablo un poco de ... | **Je parle un peu ...**<br>[ʒə parl œ̃ pø ...] |
| inglés | **anglais**<br>[ɑ̃glɛ] |
| turco | **turc**<br>[tyrk] |
| árabe | **arabe**<br>[arab] |
| francés | **français**<br>[frɑ̃sɛ] |

| alemán | **allemand**<br>[almɑ̃] |
| italiano | **italien**<br>[italjɛ̃] |
| español | **espagnol**<br>[ɛspaɲɔl] |
| portugués | **portugais**<br>[pɔrtygɛ] |
| chino | **chinois**<br>[ʃinwa] |
| japonés | **japonais**<br>[ʒapɔnɛ] |

| ¿Puede repetirlo, por favor? | **Pouvez-vous le répéter, s'il vous plaît.**<br>[puve vu lə repete, sil vu plɛ] |
| Lo entiendo. | **Je comprends.**<br>[ʒə kɔ̃prɑ̃] |
| No entiendo. | **Je ne comprends pas.**<br>[ʒə nə kɔ̃prɑ̃ pa] |
| Hable más despacio, por favor. | **Parlez plus lentement, s'il vous plaît.**<br>[parle ply lɑ̃tmɑ̃, sil vu plɛ] |

| ¿Está bien? | **Est-ce que c'est correct?**<br>[ɛskə sɛ kɔrrɛkt?] |
| ¿Qué es esto? (¿Que significa esto?) | **Qu'est-ce que c'est?**<br>[kɛskə sɛ?] |

# Disculpas

| | |
|---|---|
| Perdone, por favor. | **Excusez-moi, s'il vous plaît.**<br>[ɛkskyze mwa, sil vu plɛ] |
| Lo siento. | **Je suis désolé /désolée/**<br>[ʒə sɥi dezɔle] |
| Lo siento mucho. | **Je suis vraiment désolé /désolée/.**<br>[ʒə sɥi vrɛmã dezɔle] |
| Perdón, fue culpa mía. | **Désolé /Désolée/, c'est ma faute.**<br>[dezɔle, sɛ ma fot] |
| Culpa mía. | **Au temps pour moi.**<br>[otã pur mwa] |
| ¿Puedo ...? | **Puis-je ... ?**<br>[pɥiʒ ...?] |
| ¿Le molesta si ...? | **Ça vous dérange si je ...?**<br>[sa vu derãʒ si ʒə ...?] |
| ¡No hay problema! (No pasa nada.) | **Ce n'est pas grave.**<br>[sə nɛ pɑ graːv] |
| Todo está bien. | **Ça va.**<br>[sa va] |
| No se preocupe. | **Ne vous inquiétez pas.**<br>[nə vuzɛ̃kjete pɑ] |

# Acuerdos

| | |
|---|---|
| Sí. | **Oui**<br>[wi] |
| Sí, claro. | **Oui, bien sûr.**<br>[wi, bjɛ̃ sy:r] |
| Bien. | **Bien.**<br>[bjɛ̃] |
| Muy bien. | **Très bien.**<br>[trɛ bjɛ̃] |
| ¡Claro que sí! | **Bien sûr!**<br>[bjɛ̃sy:r!] |
| Estoy de acuerdo. | **Je suis d'accord.**<br>[ʒə sɥi dakɔ:r] |

| | |
|---|---|
| Es verdad. | **C'est correct.**<br>[sɛ kɔrrɛkt] |
| Es correcto. | **C'est exact.**<br>[sɛtɛgzakt] |
| Tiene razón. | **Vous avez raison.**<br>[vuzave rɛzõ] |
| No me molesta. | **Je ne suis pas contre.**<br>[ʒə nə sɥi pa kõtr] |
| Es completamente cierto. | **Tout à fait correct.**<br>[tutafɛ kɔrrɛkt] |

| | |
|---|---|
| Es posible. | **C'est possible.**<br>[sɛ pɔsibl] |
| Es una buena idea. | **C'est une bonne idée.**<br>[sɛtyn bɔn ide] |
| No puedo decir que no. | **Je ne peux pas dire non.**<br>[ʒə nə pø pa dir nõ] |
| Estaré encantado /encantada/. | **J'en serai ravi /ravie/**<br>[ʒã sɘre ravi:] |
| Será un placer. | **Avec plaisir.**<br>[avɛk plezi:r] |

## Rechazo. Expresar duda

No.

**Non**
[nɔ̃]

Claro que no.

**Absolument pas.**
[absɔlymɑ̃ pɑ]

No estoy de acuerdo.

**Je ne suis pas d'accord.**
[ʒə nə sɥi pɑ dakɔ:r]

No lo creo.

**Je ne le crois pas.**
[ʒə nə lə krwa pɑ]

No es verdad.

**Ce n'est pas vrai.**
[sə nɛ pɑ vrɛ]

No tiene razón.

**Vous avez tort.**
[vuzave tɔ:r]

Creo que no tiene razón.

**Je pense que vous avez tort.**
[ʒə pɑ̃s kə vuzave tɔ:r]

No estoy seguro /segura/.

**Je ne suis pas sûr /sûre/**
[ʒə nə sɥi pɑ sy:r]

No es posible.

**C'est impossible.**
[sɛtɛ̃pɔsibl]

¡Nada de eso!

**Pas du tout!**
[pɑ dy tu!]

Justo lo contrario.

**Au contraire!**
[o kɔ̃trɛ:r!]

Estoy en contra de ello.

**Je suis contre.**
[ʒə sɥi kɔ̃tr]

No me importa. (Me da igual.)

**Ça m'est égal.**
[sa mɛ tegal]

No tengo ni idea.

**Je n'ai aucune idée.**
[ʒə ne okyn ide]

Dudo que sea así.

**Je doute que cela soit ainsi.**
[ʒə dut kə səla swa ɛ̃si]

Lo siento, no puedo.

**Désolé /Désolée/, je ne peux pas.**
[dezɔle, ʒə nə pø pɑ]

Lo siento, no quiero.

**Désolé /Désolée/, je ne veux pas.**
[dezɔle, ʒə nə vø pɑ]

Gracias, pero no lo necesito.

**Merci, mais ça ne m'intéresse pas.**
[mɛrsi, mɛ sa nə mɛ̃terɛs pɑ]

Ya es tarde.

**Il se fait tard.**
[il sə fɛ ta:r]

Tengo que levantarme temprano.

**Je dois me lever tôt.**
[ʒə dwa mə ləve to]

Me encuentro mal.

**Je ne me sens pas bien.**
[ʒə nə mə sɑ̃ pɑ bjɛ̃]

## Expresar gratitud

| | |
|---|---|
| Gracias. | **Merci.**<br>[mɛrsi] |
| Muchas gracias. | **Merci beaucoup.**<br>[mɛrsi boku] |
| De verdad lo aprecio. | **Je l'apprécie beaucoup.**<br>[ʒə lapresi boku] |
| Se lo agradezco. | **Je vous suis très reconnaissant.**<br>[ʒə vu sɥi trɛ rəkɔnɛsɑ̃] |
| Se lo agradecemos. | **Nous vous sommes<br>très reconnaissant.**<br>[nu vu sɔm<br>trɛ rəkɔnɛsɑ̃] |
| Gracias por su tiempo. | **Merci pour votre temps.**<br>[mɛrsi pur vɔtr tɑ̃] |
| Gracias por todo. | **Merci pour tout.**<br>[mɛrsi pur tu] |
| Gracias por ... | **Merci pour ...**<br>[mɛrsi pur ...] |
| su ayuda | **votre aide**<br>[vɔtr ɛd] |
| tan agradable momento | **les bons moments passés**<br>[le bɔ̃ mɔmɑ̃ pɑse] |
| una comida estupenda | **un repas merveilleux**<br>[œ̃ rəpɑ mɛrvɛjø] |
| una velada tan agradable | **cette agréable soirée**<br>[sɛt agreabl sware] |
| un día maravilloso | **cette merveilleuse journée**<br>[sɛt mɛrvɛjøz ʒurne] |
| un viaje increíble | **une excursion extraordinaire**<br>[yn ɛkskyrsjɔ̃ ɛkstraɔrdinɛr] |
| No hay de qué. | **Il n'y a pas de quoi.**<br>[il njapɑ də kwa] |
| De nada. | **Je vous en prie.**<br>[ʒə vuzɑ̃pri] |
| Siempre a su disposición. | **Mon plaisir.**<br>[mɔ̃ plezi:r] |
| Encantado /Encantada/ de ayudarle. | **J'ai été heureux /heureuse/<br>de vous aider.**<br>[ʒe ete ørø /ørøz/<br>də vuzɛde] |

No hay de qué.                    **Ça va. N'y pensez plus.**
                                  [sa va. ni pãse ply]

No tiene importancia.             **Ne vous inquiétez pas.**
                                  [nə vuzĕkjete pɑ]

## Felicitaciones , Mejores Deseos

| | |
|---|---|
| ¡Felicidades! | **Félicitations!**<br>[felisitasjõ!] |
| ¡Feliz Cumpleaños! | **Joyeux anniversaire!**<br>[ʒwajø zanivɛrsɛ:r!] |
| ¡Feliz Navidad! | **Joyeux Noël!**<br>[ʒwajø nɔɛl!] |
| ¡Feliz Año Nuevo! | **Bonne Année!**<br>[bɔn ane!] |

| | |
|---|---|
| ¡Felices Pascuas! | **Joyeuses Pâques!**<br>[ʒwajøz pɑk!] |
| ¡Feliz Hanukkah! | **Joyeux Hanoukka!**<br>[ʒwajø anuka!] |

| | |
|---|---|
| Quiero brindar. | **Je voudrais proposer un toast.**<br>[ʒə vudrɛ prɔpoze œ̃ tost] |
| ¡Salud! | **Santé!**<br>[sɑ̃te!] |
| ¡Brindemos por ...! | **Buvons à ...!**<br>[byvõ a ...!] |
| ¡A nuestro éxito! | **À notre succès!**<br>[a nɔtr syksɛ!] |
| ¡A su éxito! | **À votre succès!**<br>[a vɔtr syksɛ!] |

| | |
|---|---|
| ¡Suerte! | **Bonne chance!**<br>[bɔn ʃɑ̃:s!] |
| ¡Que tenga un buen día! | **Bonne journée!**<br>[bɔn ʒurne!] |
| ¡Que tenga unas buenas vacaciones! | **Passez de bonnes vacances !**<br>[pɑse də bɔn vakɑ̃s!] |
| ¡Que tenga un buen viaje! | **Bon voyage!**<br>[bõ vwaja:ʒ!] |
| ¡Espero que se recupere pronto! | **Rétablissez-vous vite.**<br>[retablise-vu vit] |

## Socializarse

¿Por qué está triste?

**Pourquoi êtes-vous si triste?**
[purkwa ɛt-vu si trist?]

¡Sonría! ¡Animese!

**Souriez!**
[surje!]

¿Está libre esta noche?

**Êtes-vous libre ce soir?**
[ɛt-vu libr sə swaːr?]

¿Puedo ofrecerle algo de beber?

**Puis-je vous offrir un verre?**
[pɥiʒ vu zɔfrir œ̃ vɛːr?]

¿Querría bailar conmigo?

**Voulez-vous danser?**
[vule-vu dɑ̃se?]

Vamos a ir al cine.

**Et si on va au cinéma?**
[e si ɔ̃va o sinema?]

¿Puedo invitarle a ...?

**Puis-je vous inviter ...?**
[pɥiʒ vu zɛ̃vite ...?]

un restaurante

**au restaurant**
[o rɛstɔrɑ̃]

el cine

**au cinéma**
[o sinema]

el teatro

**au théâtre**
[o teatr]

dar una vuelta

**pour une promenade**
[pur yn prɔmnad]

¿A qué hora?

**À quelle heure?**
[a kɛl œːr?]

esta noche

**ce soir**
[sə swar]

a las seis

**à six heures**
[a siz œːr]

a las siete

**à sept heures**
[a sɛt œːr]

a las ocho

**à huit heures**
[a ɥit œːr]

a las nueve

**à neuf heures**
[a nœv œːr]

¿Le gusta este lugar?

**Est-ce que vous aimez cet endroit?**
[ɛskə vuzɛme sɛt ɑ̃drwa?]

¿Está aquí con alguien?

**Êtes-vous ici avec quelqu'un?**
[ɛt-vu isi avɛk kelkœ̃?]

Estoy con mi amigo /amiga/.

**Je suis avec mon ami.**
[ʒə sɥi avɛk mɔn ami]

| | |
|---|---|
| Estoy con amigos. | **Je suis avec mes amis.**<br>[ʒə sɥi avɛk mezami] |
| No, estoy solo /sola/. | **Non, je suis seul /seule/**<br>[nõ, ʒə sɥi sœl] |

| | |
|---|---|
| ¿Tienes novio? | **As-tu un copain?**<br>[a ty œ̃ kɔpɛ̃?] |
| Tengo novio. | **J'ai un copain.**<br>[ʒe œ̃ kɔpɛ̃] |
| ¿Tienes novia? | **As-tu une copine?**<br>[a ty yn kɔpin?] |
| Tengo novia. | **J'ai une copine.**<br>[ʒe yn kɔpin] |

| | |
|---|---|
| ¿Te puedo volver a ver? | **Est-ce que je peux te revoir?**<br>[ɛskə ʒə pø tə rəvwa:r?] |
| ¿Te puedo llamar? | **Est-ce que je peux t'appeler?**<br>[ɛskə ʒə pø taple?] |
| Llámame. | **Appelle-moi.**<br>[apɛl mwa] |
| ¿Cuál es tu número? | **Quel est ton numéro?**<br>[kɛl ɛ tõ nymero?] |
| Te echo de menos. | **Tu me manques.**<br>[ty mə mɑ̃:k] |

| | |
|---|---|
| ¡Qué nombre tan bonito! | **Vous avez un très beau nom.**<br>[vuzave œ̃ trɛ bo nõ] |
| Te quiero. | **Je t'aime.**<br>[ʒə tɛm] |
| ¿Te casarías conmigo? | **Veux-tu te marier avec moi?**<br>[vø-ty tə marje avɛk mwa?] |
| ¡Está de broma! | **Vous plaisantez!**<br>[vu plɛzɑ̃te!] |
| Sólo estoy bromeando. | **Je plaisante.**<br>[ʒə plɛzɑ̃:t] |

| | |
|---|---|
| ¿En serio? | **Êtes-vous sérieux /sérieuse/?**<br>[ɛt-vu serjø /serjøz/?] |
| Lo digo en serio. | **Je suis sérieux /sérieuse/**<br>[ʒə sɥi serjø /serjøz/] |
| ¿De verdad? | **Vraiment?!**<br>[vrɛmɑ̃?!] |
| ¡Es increíble! | **C'est incroyable!**<br>[sɛtɛ̃krwajabl!] |
| No le creo. | **Je ne vous crois pas.**<br>[ʒə nə vu krwa pɑ] |
| No puedo. | **Je ne peux pas.**<br>[ʒə nə pø pɑ] |
| No lo sé. | **Je ne sais pas.**<br>[ʒə nə sɛ pɑ] |
| No le entiendo. | **Je ne vous comprends pas**<br>[ʒə nə vu kõprɑ̃ pɑ] |

| | |
|---|---|
| Váyase, por favor. | **Laissez-moi! Allez-vous-en!** |
| | [lɛse-mwa! ale-vuzã!] |
| ¡Déjeme en paz! | **Laissez-moi tranquille!** |
| | [lɛse-mwa trãkil!] |

| | |
|---|---|
| Es inaguantable. | **Je ne le supporte pas.** |
| | [ʒə nə lə sypɔrt pɑ] |
| ¡Es un asqueroso! | **Vous êtes dégoûtant!** |
| | [vuzɛt degutã!] |
| ¡Llamaré a la policía! | **Je vais appeler la police!** |
| | [ʒə ve aple la pɔlis!] |

## Compartir impresiones. Emociones

| | |
|---|---|
| Me gusta. | **J'aime ça.**<br>[ʒɛm sa] |
| Muy lindo. | **C'est gentil.**<br>[sɛ ʒɑ̃ti] |
| ¡Es genial! | **C'est super!**<br>[sɛ sypɛr!] |
| No está mal. | **C'est assez bien.**<br>[sɛtase bjɛ̃] |

| | |
|---|---|
| No me gusta. | **Je n'aime pas ça.**<br>[ʒə nɛm pɑ sa] |
| No está bien. | **Ce n'est pas bien.**<br>[sə nɛ pɑ bjɛ̃] |
| Está mal. | **C'est mauvais.**<br>[sɛ mɔvɛ] |
| Está muy mal. | **Ce n'est pas bien du tout.**<br>[sə nɛ pɑ bjɛ̃ dy tu] |
| ¡Qué asco! | **C'est dégoûtant.**<br>[sɛ degutɑ̃] |

| | |
|---|---|
| Estoy feliz. | **Je suis content /contente/**<br>[ʒə sɥi kɔ̃tɑ̃ /kɔ̃tɑ̃t/] |
| Estoy contento /contenta/. | **Je suis heureux /heureuse/**<br>[ʒə sɥi ørø /ørøz/] |
| Estoy enamorado /enamorada/. | **Je suis amoureux /amoureuse/**<br>[ʒə sɥi amurø /amurøz/] |
| Estoy tranquilo. | **Je suis calme.**<br>[ʒə sɥi kalm] |
| Estoy aburrido. | **Je m'ennuie.**<br>[ʒə mɑ̃nɥi] |

| | |
|---|---|
| Estoy cansado /cansada/. | **Je suis fatigué /fatiguée/**<br>[ʒə sɥi fatige] |
| Estoy triste. | **Je suis triste.**<br>[ʒə sɥi trist] |
| Estoy asustado. | **J'ai peur.**<br>[ʒe pœ:r] |
| Estoy enfadado /enfadada/. | **Je suis fâché /fâchée/**<br>[ʒə sɥi faʃe] |

| | |
|---|---|
| Estoy preocupado /preocupada/. | **Je suis inquiet /inquiète/**<br>[ʒə sɥi ɛ̃kjɛ /ɛ̃kjɛt/] |
| Estoy nervioso /nerviosa/. | **Je suis nerveux /nerveuse/**<br>[ʒə sɥi nɛrvø /nɛrvøz/] |

Estoy celoso /celosa/.

**Je suis jaloux /jalouse/**
[ʒə sɥi ʒalu /ʒaluz/]

Estoy sorprendido /sorprendida/.

**Je suis surpris /surprise/**
[ʒə sɥi syrpri /syrpriz/]

Estoy perplejo /perpleja/.

**Je suis gêné /gênée/**
[ʒə sɥi ʒɛne]

## Problemas, Accidentes

| | |
|---|---|
| Tengo un problema. | **J'ai un problème.**<br>[ʒe œ̃ prɔblɛm] |
| Tenemos un problema. | **Nous avons un problème.**<br>[nuzavɔ̃ œ̃ prɔblɛm] |
| Estoy perdido /perdida/. | **Je suis perdu /perdue/**<br>[ʒə sɥi pɛrdy] |
| Perdi el último autobús (tren). | **J'ai manqué le dernier bus (train).**<br>[ʒe mɑ̃ke lə dɛrnje bys (trɛ̃)] |
| No me queda más dinero. | **Je n'ai plus d'argent.**<br>[ʒə ne ply darʒɑ̃] |

| | |
|---|---|
| He perdido ... | **J'ai perdu mon ...**<br>[ʒe pɛrdy mɔ̃ ...] |
| Me han robado ... | **On m'a volé mon ...**<br>[ɔ̃ ma vɔle mɔ̃ ...] |
| mi pasaporte | **passeport**<br>[paspɔːr] |
| mi cartera | **portefeuille**<br>[pɔrtəfœj] |
| mis papeles | **papiers**<br>[papje] |
| mi billete | **billet**<br>[bijɛ] |

| | |
|---|---|
| mi dinero | **argent**<br>[arʒɑ̃] |
| mi bolso | **sac à main**<br>[sak a mɛ̃] |
| mi cámara | **appareil photo**<br>[aparɛj fɔto] |
| mi portátil | **portable**<br>[pɔrtabl] |
| mi tableta | **ma tablette**<br>[ma tablɛt] |
| mi teléfono | **mobile**<br>[mɔbil] |

| | |
|---|---|
| ¡Ayúdeme! | **Au secours!**<br>[o səkuːr!] |
| ¿Qué pasó? | **Qu'est-il arrivé?**<br>[kɛtil arive?] |
| el incendio | **un incendie**<br>[œn ɛ̃sɑ̃di] |

| | |
|---|---|
| un tiroteo | **des coups de feu**<br>[de ku də fø] |
| el asesinato | **un meurtre**<br>[œ̃ mœrtr] |
| una explosión | **une explosion**<br>[yn ɛksplozjɔ̃] |
| una pelea | **une bagarre**<br>[yn bagar] |

| | |
|---|---|
| ¡Llame a la policía! | **Appelez la police!**<br>[aple la polis!] |
| ¡Más rápido, por favor! | **Dépêchez-vous, s'il vous plaît!**<br>[depɛʃe-vu, sil vu plɛ!] |
| Busco la comisaría. | **Je cherche le commissariat de police.**<br>[ʒə ʃɛrʃ lə kɔmisarja də polis] |
| Tengo que hacer una llamada. | **Il me faut faire un appel.**<br>[il mə fo fɛr œn apɛl] |
| ¿Puedo usar su teléfono? | **Puis-je utiliser votre téléphone?**<br>[pɥiʒ ytilize vɔtr telefon?] |

| | |
|---|---|
| Me han ... | **J'ai été ...**<br>[ʒe ete ...] |
| asaltado /asaltada/ | **agressé /agressée/**<br>[agrɛse] |
| robado /robada/ | **volé /volée/**<br>[vɔle] |
| violada | **violée**<br>[vjɔle] |
| atacado /atacada/ | **attaqué /attaquée/**<br>[atake] |

| | |
|---|---|
| ¿Se encuentra bien? | **Est-ce que ça va?**<br>[ɛskə sa va?] |
| ¿Ha visto quien a sido? | **Avez-vous vu qui c'était?**<br>[ave vu vy ki setɛ?] |
| ¿Sería capaz de reconocer a la persona? | **Pourriez-vous reconnaître cette personne?**<br>[purje-vu rəkɔnɛtr sɛt pɛrsɔn?] |
| ¿Está usted seguro? | **Vous êtes sûr?**<br>[vuzɛt syːr?] |

| | |
|---|---|
| Por favor, cálmese. | **Calmez-vous, s'il vous plaît.**<br>[kalme-vu, sil vu plɛ] |
| ¡Cálmese! | **Calmez-vous!**<br>[kalme-vu!] |
| ¡No se preocupe! | **Ne vous inquiétez pas.**<br>[nə vuzɛ̃kjete pɑ] |
| Todo irá bien. | **Tout ira bien.**<br>[tutira bjɛ̃] |
| Todo está bien. | **Ça va. Tout va bien.**<br>[sa va. tu va bjɛ̃] |

Venga aquí, por favor.

**Venez ici, s'il vous plaît.**
[vəne isi, sil vu plɛ]

Tengo unas preguntas para usted.

**J'ai des questions à vous poser.**
[ʒe de kɛstjɔ̃ a vu poze]

Espere un momento, por favor.

**Attendez un moment, s'il vous plaît.**
[atɑ̃de œ̃ mɔmɑ̃, sil vu plɛ]

¿Tiene un documento de identidad?

**Avez-vous une carte d'identité?**
[ave vu yn kart didɑ̃tite?]

Gracias. Puede irse ahora.

**Merci. Vous pouvez partir maintenant.**
[mɛrsi. vu puve partir mɛ̃tnɑ̃]

¡Manos detrás de la cabeza!

**Les mains derrière la tête!**
[le mɛ̃ dɛrjɛr la tɛt!]

¡Está arrestado!

**Vous êtes arrêté!**
[vuzɛt arɛte!]

## Problemas de salud

| | |
|---|---|
| Ayudeme, por favor. | **Aidez-moi, s'il vous plaît.**<br>[ɛde-mwa, sil vu plɛ] |
| No me encuentro bien. | **Je ne me sens pas bien.**<br>[ʒə nə mə sɑ̃ pɑ bjɛ̃] |
| Mi marido no se encuentra bien. | **Mon mari ne se sent pas bien.**<br>[mɔ̃ mari nə sə sɑ̃ pɑ bjɛ̃] |
| Mi hijo … | **Mon fils …**<br>[mɔ̃ fis …] |
| Mi padre … | **Mon père …**<br>[mɔ̃ pɛr …] |
| | |
| Mi mujer no se encuentra bien. | **Ma femme ne se sent pas bien.**<br>[ma fam nə sə sɑ̃ pɑ bjɛ̃] |
| Mi hija … | **Ma fille …**<br>[ma fij …] |
| Mi madre … | **Ma mère …**<br>[ma mɛr …] |
| | |
| Me duele … | **J'ai mal …**<br>[ʒe mal …] |
| la cabeza | **à la tête**<br>[a la tɛt] |
| la garganta | **à la gorge**<br>[a la gɔrʒ] |
| el estómago | **à l'estomac**<br>[a lɛstɔma] |
| un diente | **aux dents**<br>[o dɑ̃] |
| | |
| Estoy mareado. | **J'ai le vertige.**<br>[ʒe lə vɛrti:ʒ] |
| Él tiene fiebre. | **Il a de la fièvre.**<br>[il a də la fjɛ:vr] |
| Ella tiene fiebre. | **Elle a de la fièvre.**<br>[ɛl a də la fjɛ:vr] |
| No puedo respirar. | **Je ne peux pas respirer.**<br>[ʒə nə pø pɑ rɛspire] |
| | |
| Me ahogo. | **J'ai du mal à respirer.**<br>[ʒe dy mal a rɛspire] |
| Tengo asma. | **Je suis asthmatique.**<br>[ʒə sɥi asmatik] |
| Tengo diabetes. | **Je suis diabétique.**<br>[ʒə sɥi djabetik] |

No puedo dormir.

**Je ne peux pas dormir.**
[ʒə nə pø pɑ dɔrmi:r]

intoxicación alimentaria

**intoxication alimentaire**
[ɛ̃tɔksikasjɔ̃ alimɑ̃tɛr]

---

Me duele aquí.

**Ça fait mal ici.**
[sa fɛ mal isi]

¡Ayúdeme!

**Aidez-moi!**
[ɛde-mwa!]

¡Estoy aquí!

**Je suis ici!**
[ʒə sɥi isi!]

¡Estamos aquí!

**Nous sommes ici!**
[nu sɔm isi!]

¡Saquenme de aquí!

**Sortez-moi d'ici!**
[sɔrte mwa disi!]

Necesito un médico.

**J'ai besoin d'un docteur.**
[ʒe bəzwɛ̃ dœ̃ dɔktœ:r]

No me puedo mover.

**Je ne peux pas bouger!**
[ʒə nə pø pɑ buʒe!]

No puedo mover mis piernas.

**Je ne peux pas bouger mes jambes.**
[ʒə nə pø pɑ buʒe me ʒɑ̃:b]

---

Tengo una herida.

**Je suis blessé /blessée/**
[ʒə sɥi blɛse]

¿Es grave?

**Est-ce que c'est sérieux?**
[ɛskə sɛ serjø?]

Mis documentos están en mi bolsillo.

**Mes papiers sont dans ma poche.**
[me papje sɔ̃ dɑ̃ ma pɔʃ]

¡Cálmese!

**Calmez-vous!**
[kalme vu!]

¿Puedo usar su teléfono?

**Puis-je utiliser votre téléphone?**
[pɥiʒ ytilize vɔtr telefɔn?]

---

¡Llame a una ambulancia!

**Appelez une ambulance!**
[aple yn ɑ̃bylɑ̃:s!]

¡Es urgente!

**C'est urgent!**
[sɛtyrʒɑ̃!]

¡Es una emergencia!

**C'est une urgence!**
[sɛtyn yrʒɑ̃:s!]

¡Más rápido, por favor!

**Dépêchez-vous, s'il vous plaît!**
[depɛʃe-vu, sil vu plɛ!]

¿Puede llamar a un médico, por favor?

**Appelez le docteur, s'il vous plaît.**
[aple lə dɔktœ:r, sil vu plɛ]

¿Dónde está el hospital?

**Où est l'hôpital?**
[u ɛ lɔpital?]

---

¿Cómo se siente?

**Comment vous sentez-vous?**
[kɔmɑ̃ vu sɑ̃te-vu?]

¿Se encuentra bien?

**Est-ce que ça va?**
[ɛskə sa va?]

¿Qué pasó?

**Qu'est-il arrivé?**
[kɛtil arive?]

Me encuentro mejor.

**Je me sens mieux maintenant.**
[ʒə mə sɑ̃ mjø mɛ̃tnɑ̃]

Está bien.

**Ça va. Tout va bien.**
[sa va. tu va bjɛ̃]

Todo está bien.

**Ça va.**
[sa va]

## En la farmacia

| | |
|---|---|
| la farmacia | **pharmacie**<br>[farmasi] |
| la farmacia 24 horas | **pharmacie 24 heures**<br>[farmasi vɛ̃katr œr] |
| ¿Dónde está la farmacia más cercana? | **Où se trouve la pharmacie la plus proche?**<br>[u sə truv la farmasi la ply prɔʃ?] |
| ¿Está abierta ahora? | **Est-elle ouverte en ce moment?**<br>[ɛtɛl uvɛrt ɑ̃ sə mɔmɑ̃?] |
| ¿A qué hora abre? | **À quelle heure ouvre-t-elle?**<br>[a kɛl œr uvr tɛl?] |
| ¿A qué hora cierra? | **à quelle heure ferme-t-elle?**<br>[a kɛl œr fɛrm tɛl?] |
| ¿Está lejos? | **C'est loin?**<br>[sɛ lwɛ̃?] |
| ¿Puedo llegar a pie? | **Est-ce que je peux y aller à pied?**<br>[ɛskə ʒə pø i ale a pje?] |
| ¿Puede mostrarme en el mapa? | **Pouvez-vous me le montrer sur la carte?**<br>[puve vu mə lə mɔ̃tre syr la kart?] |
| Por favor, deme algo para ... | **Pouvez-vous me donner quelque chose contre ...**<br>[puve vu mə dɔne kɛlkə ʃoz kɔ̃tr ...] |
| un dolor de cabeza | **le mal de tête**<br>[lə mal də tɛt] |
| la tos | **la toux**<br>[la tu] |
| el resfriado | **le rhume**<br>[lə rym] |
| la gripe | **la grippe**<br>[la grip] |
| la fiebre | **la fièvre**<br>[la fjɛːvr] |
| un dolor de estomago | **un mal d'estomac**<br>[œ̃ mal dɛstɔma] |
| nauseas | **la nausée**<br>[la noze] |

| | |
|---|---|
| la diarrea | **la diarrhée**<br>[la djare] |
| el estreñimiento | **la constipation**<br>[la kɔ̃stipasjɔ̃] |

| | |
|---|---|
| un dolor de espalda | **un mal de dos**<br>[œ̃ mal də do] |
| un dolor de pecho | **les douleurs de poitrine**<br>[le dulœr də pwatrin] |
| el flato | **les points de côté**<br>[le pwɛ̃ də kote] |
| un dolor abdominal | **les douleurs abdominales**<br>[le dulœr abdɔminal] |

| | |
|---|---|
| la píldora | **une pilule**<br>[yn pilyl] |
| la crema | **un onguent, une crème**<br>[œn ɔ̃gɑ̃, yn krɛm] |
| el jarabe | **un sirop**<br>[œ̃ siro] |
| el spray | **un spray**<br>[œ̃ sprɛ] |
| las gotas | **les gouttes**<br>[le gut] |

| | |
|---|---|
| Tiene que ir al hospital. | **Vous devez allez à l'hôpital.**<br>[vu dəve ale a lɔpital] |
| el seguro de salud | **assurance maladie**<br>[asyrɑ̃s maladi] |
| la receta | **prescription**<br>[prɛskripsjɔ̃] |
| el repelente de insectos | **produit anti-insecte**<br>[prɔdɥi ɑ̃ti-ɛ̃sɛkt] |
| la curita | **bandages adhésifs**<br>[bɑ̃daʒ adezif] |

## Lo más imprescindible

| | |
|---|---|
| Perdone, … | **Excusez-moi, …**<br>[ɛkskyze mwa, …] |
| Hola. | **Bonjour**<br>[bɔ̃ʒuːr] |
| Gracias. | **Merci**<br>[mɛrsi] |

| | |
|---|---|
| Sí. | **Oui**<br>[wi] |
| No. | **Non**<br>[nɔ̃] |
| No lo sé. | **Je ne sais pas.**<br>[ʒə nə sɛ pɑ] |
| ¿Dónde? \| ¿A dónde? \| ¿Cuándo? | **Où? \| Où? \| Quand?**<br>[u? \| u? \| kɑ̃?] |

| | |
|---|---|
| Necesito … | **J'ai besoin de …**<br>[ʒe bəzwɛ̃ də …] |
| Quiero … | **Je veux …**<br>[ʒə vø …] |
| ¿Tiene …? | **Avez-vous … ?**<br>[ave vu …?] |
| ¿Hay … por aquí? | **Est-ce qu'il y a … ici?**<br>[ɛs kilja … isi?] |
| ¿Puedo …? | **Puis-je … ?**<br>[pɥiʒ …?] |
| …, por favor? (petición educada) | **…, s'il vous plaît**<br>[…, sil vu plɛ] |

| | |
|---|---|
| Busco … | **Je cherche …**<br>[ʒə ʃɛrʃ …] |
| el servicio | **les toilettes**<br>[le twalɛt] |
| un cajero automático | **un distributeur**<br>[œ̃ distribytœːr] |
| una farmacia | **une pharmacie**<br>[yn farmasi] |
| el hospital | **l'hôpital**<br>[lɔpital] |

| | |
|---|---|
| la comisaría | **le commissariat de police**<br>[lə kɔmisarja də polis] |
| el metro | **une station de métro**<br>[yn stasjɔ̃ də metro] |

| | |
|---|---|
| un taxi | **un taxi**<br>[œ̃ taksi] |
| la estación de tren | **la gare**<br>[la gar] |

| | |
|---|---|
| Me llamo ... | **Je m'appelle ...**<br>[ʒə mapɛl ...] |
| ¿Cómo se llama? | **Comment vous appelez-vous?**<br>[kɔmɑ̃ vuzaple-vu?] |
| ¿Puede ayudarme, por favor? | **Aidez-moi, s'il vous plaît.**<br>[ɛde-mwa, sil vu plɛ] |
| Tengo un problema. | **J'ai un problème.**<br>[ʒe œ̃ prɔblɛm] |
| Me encuentro mal. | **Je ne me sens pas bien.**<br>[ʒə nə mə sɑ̃ pɑ bjɛ̃] |
| ¡Llame a una ambulancia! | **Appelez une ambulance!**<br>[aple yn ɑ̃bylɑ̃:s!] |
| ¿Puedo llamar, por favor? | **Puis-je faire un appel?**<br>[pɥiʒ fɛr œn apɛl?] |

| | |
|---|---|
| Lo siento. | **Excusez-moi.**<br>[ɛkskyze mwa] |
| De nada. | **Je vous en prie.**<br>[ʒə vuzɑ̃pri] |

| | |
|---|---|
| Yo | **je, moi**<br>[ʒə, mwa] |
| tú | **tu, toi**<br>[ty, twa] |
| él | **il**<br>[il] |
| ella | **elle**<br>[ɛl] |
| ellos | **ils**<br>[il] |
| ellas | **elles**<br>[ɛl] |
| nosotros /nosotras/ | **nous**<br>[nu] |
| ustedes, vosotros | **vous**<br>[vu] |
| usted | **Vous**<br>[vu] |

| | |
|---|---|
| ENTRADA | **ENTRÉE**<br>[ɑ̃tre] |
| SALIDA | **SORTIE**<br>[sɔrti] |
| FUERA DE SERVICIO | **HORS SERVICE \| EN PANNE**<br>[ɔr sɛrvis \| ɑ̃ pan] |
| CERRADO | **FERMÉ**<br>[fɛrme] |

| | |
|---|---|
| ABIERTO | **OUVERT**<br>[uvɛr] |
| PARA SEÑORAS | **POUR LES FEMMES**<br>[pur le fam] |
| PARA CABALLEROS | **POUR LES HOMMES**<br>[pur le zɔm] |

# DICCIONARIO CONCISO

Esta sección contiene más
de 1.500 palabras útiles.
El diccionario incluye muchos
términos gastronómicos
y será de gran ayuda para
pedir alimentos en un
restaurante o comprando
comestibles en la tienda

T&P Books Publishing

# CONTENIDO
# DEL DICCIONARIO

T&P Books Publishing

| tiempo (m) | temps (m) | [tã] |
| hora (f) | heure (f) | [œr] |
| media hora (f) | demi-heure (f) | [dəmijœr] |
| minuto (m) | minute (f) | [minyt] |
| segundo (m) | seconde (f) | [səgɔ̃d] |
| | | |
| hoy (adv) | aujourd'hui (adv) | [oʒurdɥi] |
| mañana (adv) | demain (adv) | [dəmɛ̃] |
| ayer (adv) | hier (adv) | [ijɛr] |
| | | |
| lunes (m) | lundi (m) | [lœ̃di] |
| martes (m) | mardi (m) | [mardi] |
| miércoles (m) | mercredi (m) | [mɛrkrədi] |
| jueves (m) | jeudi (m) | [ʒødi] |
| viernes (m) | vendredi (m) | [vɑ̃drədi] |
| sábado (m) | samedi (m) | [samdi] |
| domingo (m) | dimanche (m) | [dimɑ̃ʃ] |
| | | |
| día (m) | jour (m) | [ʒur] |
| día (m) de trabajo | jour (m) ouvrable | [ʒur uvrabl] |
| día (m) de fiesta | jour (m) férié | [ʒur ferje] |
| fin (m) de semana | week-end (m) | [wikɛnd] |
| | | |
| semana (f) | semaine (f) | [səmɛn] |
| semana (f) pasada | la semaine dernière | [la səmɛn dɛrnjɛr] |
| semana (f) que viene | la semaine prochaine | [la səmɛn prɔʃɛn] |
| | | |
| salida (f) del sol | lever (m) du soleil | [ləve dy sɔlɛj] |
| puesta (f) del sol | coucher (m) du soleil | [kuʃe dy sɔlɛj] |
| | | |
| por la mañana | le matin | [lə matɛ̃] |
| por la tarde | dans l'après-midi | [dɑ̃ laprɛmidi] |
| por la noche | le soir | [lə swar] |
| esta noche | ce soir | [sə swar] |
| (p.ej. 8:00 p.m.) | | |
| por la noche | la nuit | [la nɥi] |
| medianoche (f) | minuit (f) | [minɥi] |
| | | |
| enero (m) | janvier (m) | [ʒɑ̃vje] |
| febrero (m) | février (m) | [fevrije] |
| marzo (m) | mars (m) | [mars] |
| abril (m) | avril (m) | [avril] |
| mayo (m) | mai (m) | [mɛ] |
| junio (m) | juin (m) | [ʒɥɛ̃] |
| julio (m) | juillet (m) | [ʒɥijɛ] |

| agosto (m) | août (m) | [ut] |
| septiembre (m) | septembre (m) | [separemɑ̃] |
| octubre (m) | octobre (m) | [ɔktɔbr] |
| noviembre (m) | novembre (m) | [nɔvɑ̃br] |
| diciembre (m) | décembre (m) | [desɑ̃br] |

| en primavera | au printemps | [oprɛ̃tɑ̃] |
| en verano | en été | [ɑn ete] |
| en otoño | en automne | [ɑn otɔn] |
| en invierno | en hiver | [ɑn ivɛr] |

| mes (m) | mois (m) | [mwa] |
| estación (f) | saison (f) | [sɛzɔ̃] |
| año (m) | année (f) | [ane] |
| siglo (m) | siècle (m) | [sjɛkl] |

## 2. Números. Los numerales

| cifra (f) | chiffre (m) | [ʃifr] |
| número (m) (~ cardinal) | nombre (m) | [nɔ̃br] |
| menos (m) | moins (m) | [mwɛ̃] |
| más (m) | plus (m) | [ply] |
| suma (f) | somme (f) | [sɔm] |

| primero (adj) | premier (adj) | [prəmje] |
| segundo (adj) | deuxième (adj) | [døzjɛm] |
| tercero (adj) | troisième (adj) | [trwazjɛm] |

| cero | zéro | [zero] |
| uno | un | [œ̃] |
| dos | deux | [dø] |
| tres | trois | [trwa] |
| cuatro | quatre | [katr] |

| cinco | cinq | [sɛ̃k] |
| seis | six | [sis] |
| siete | sept | [sɛt] |
| ocho | huit | [ɥit] |
| nueve | neuf | [nœf] |
| diez | dix | [dis] |

| once | onze | [ɔ̃z] |
| doce | douze | [duz] |
| trece | treize | [trɛz] |
| catorce | quatorze | [katɔrz] |
| quince | quinze | [kɛ̃z] |

| dieciséis | seize | [sɛz] |
| diecisiete | dix-sept | [disɛt] |
| dieciocho | dix-huit | [dizɥit] |

| diecinueve | dix-neuf | [diznœf] |
| veinte | vingt | [vɛ̃] |
| treinta | trente | [trɑ̃t] |
| cuarenta | quarante | [karɑ̃t] |
| cincuenta | cinquante | [sɛ̃kɑ̃t] |

| sesenta | soixante | [swasɑ̃t] |
| setenta | soixante-dix | [swasɑ̃tdis] |
| ochenta | quatre-vingts | [katrəvɛ̃] |
| noventa | quatre-vingt-dix | [katrəvɛ̃dis] |
| cien | cent | [sɑ̃] |
| doscientos | deux cents | [dø sɑ̃] |
| trescientos | trois cents | [trwa sɑ̃] |
| cuatrocientos | quatre cents | [katr sɑ̃] |
| quinientos | cinq cents | [sɛ̃k sɑ̃] |

| seiscientos | six cents | [si sɑ̃] |
| setecientos | sept cents | [sɛt sɑ̃] |
| ochocientos | huit cents | [ɥi sɑ̃] |
| novecientos | neuf cents | [nœf sɑ̃] |
| mil | mille | [mil] |

| diez mil | dix mille | [di mil] |
| cien mil | cent mille | [sɑ̃ mil] |
| millón (m) | million (m) | [miljɔ̃] |
| mil millones | milliard (m) | [miljar] |

## 3. El ser humano. Los familiares

| hombre (m) (varón) | homme (m) | [ɔm] |
| joven (m) | jeune homme (m) | [ʒœn ɔm] |
| adolescente (m) | adolescent (m) | [adɔlesɑ̃] |
| mujer (f) | femme (f) | [fam] |
| muchacha (f) | jeune fille (f) | [ʒœn fij] |

| edad (f) | âge (m) | [ɑʒ] |
| adulto | adulte (m) | [adylt] |
| de edad media (adj) | d'âge moyen (adj) | [dɑʒ mwajɛ̃] |
| anciano, mayor (adj) | âgé (adj) | [ɑʒe] |
| viejo (adj) | vieux (adj) | [vjø] |

| anciano (m) | vieillard (m) | [vjɛjar] |
| anciana (f) | vieille femme (f) | [vjɛj fam] |
| jubilación (f) | retraite (f) | [rətrɛt] |
| jubilarse | prendre sa retraite | [prɑ̃dr sa rətrɛt] |
| jubilado (m) | retraité (m) | [rətrɛte] |

| madre (f) | mère (f) | [mɛr] |
| padre (m) | père (m) | [pɛr] |
| hijo (m) | fils (m) | [fis] |

| hija (f) | fille (f) | [fij] |
| hermano (m) | frère (m) | [frɛr] |
| hermana (f) | sœur (f) | [sœr] |

| padres (pl) | parents (pl) | [parɑ̃] |
| niño -a (m, f) | enfant (m, f) | [ɑ̃fɑ̃] |
| niños (pl) | enfants (pl) | [ɑ̃fɑ̃] |
| madrastra (f) | belle-mère, marâtre (f) | [bɛlmɛr], [marɑtr] |
| padrastro (m) | beau-père (m) | [bopɛr] |

| abuela (f) | grand-mère (f) | [grɑ̃mɛr] |
| abuelo (m) | grand-père (m) | [grɑ̃pɛr] |
| nieto (m) | petit-fils (m) | [pti fis] |
| nieta (f) | petite-fille (f) | [ptit fij] |
| nietos (pl) | petits-enfants (pl) | [pətizɑ̃fɑ̃] |

| tío (m) | oncle (m) | [ɔ̃kl] |
| tía (f) | tante (f) | [tɑ̃t] |
| sobrino (m) | neveu (m) | [nəvø] |
| sobrina (f) | nièce (f) | [njɛs] |

| mujer (f) | femme (f) | [fam] |
| marido (m) | mari (m) | [mari] |
| casado (adj) | marié (adj) | [marje] |
| casada (adj) | mariée (adj) | [marje] |
| viuda (f) | veuve (f) | [vœv] |
| viudo (m) | veuf (m) | [vœf] |

| nombre (m) | prénom (m) | [prenɔ̃] |
| apellido (m) | nom (m) de famille | [nɔ̃ də famij] |

| pariente (m) | parent (m) | [parɑ̃] |
| amigo (m) | ami (m) | [ami] |
| amistad (f) | amitié (f) | [amitje] |

| compañero (m) | partenaire (m) | [partənɛr] |
| superior (m) | supérieur (m) | [syperjœr] |
| colega (m, f) | collègue (m, f) | [kɔlɛg] |
| vecinos (pl) | voisins (m pl) | [vwazɛ̃] |

## 4. El cuerpo. La anatomía humana

| organismo (m) | organisme (m) | [ɔrganism] |
| cuerpo (m) | corps (m) | [kɔr] |
| corazón (m) | cœur (m) | [kœr] |
| sangre (f) | sang (m) | [sɑ̃] |
| cerebro (m) | cerveau (m) | [sɛrvo] |
| nervio (m) | nerf (m) | [nɛr] |
| hueso (m) | os (m) | [ɔs] |
| esqueleto (m) | squelette (f) | [skəlɛt] |

| | | |
|---|---|---|
| columna (f) vertebral | colonne (f) vertébrale | [kɔlɔn vɛrtebral] |
| costilla (f) | côte (f) | [kot] |
| cráneo (m) | crâne (m) | [kran] |
| | | |
| músculo (m) | muscle (m) | [myskl] |
| pulmones (m pl) | poumons (m pl) | [pumɔ̃] |
| piel (f) | peau (f) | [po] |
| | | |
| cabeza (f) | tête (f) | [tɛt] |
| cara (f) | visage (m) | [vizaʒ] |
| nariz (f) | nez (m) | [ne] |
| frente (f) | front (m) | [frɔ̃] |
| mejilla (f) | joue (f) | [ʒu] |
| boca (f) | bouche (f) | [buʃ] |
| lengua (f) | langue (f) | [lɑ̃g] |
| diente (m) | dent (f) | [dɑ̃] |
| labios (m pl) | lèvres (f pl) | [lɛvr] |
| mentón (m) | menton (m) | [mɑ̃tɔ̃] |
| | | |
| oreja (f) | oreille (f) | [ɔrɛj] |
| cuello (m) | cou (m) | [ku] |
| garganta (f) | gorge (f) | [gɔrʒ] |
| | | |
| ojo (m) | œil (m) | [œj] |
| pupila (f) | pupille (f) | [pypij] |
| ceja (f) | sourcil (m) | [sursi] |
| pestaña (f) | cil (m) | [sil] |
| | | |
| pelo, cabello (m) | cheveux (m pl) | [ʃəvø] |
| peinado (m) | coiffure (f) | [kwafyr] |
| bigote (m) | moustache (f) | [mustaʃ] |
| barba (f) | barbe (f) | [barb] |
| tener (~ la barba) | porter (vt) | [pɔrte] |
| calvo (adj) | chauve (adj) | [ʃov] |
| | | |
| mano (f) | main (f) | [mɛ̃] |
| brazo (m) | bras (m) | [bra] |
| dedo (m) | doigt (m) | [dwa] |
| uña (f) | ongle (m) | [ɔ̃gl] |
| palma (f) | paume (f) | [pom] |
| | | |
| hombro (m) | épaule (f) | [epol] |
| pierna (f) | jambe (f) | [ʒɑ̃b] |
| planta (f) | pied (m) | [pje] |
| | | |
| rodilla (f) | genou (m) | [ʒənu] |
| talón (m) | talon (m) | [talɔ̃] |
| | | |
| espalda (f) | dos (m) | [do] |
| cintura (f), talle (m) | taille (f) | [taj] |
| lunar (m) | grain (m) de beauté | [grɛ̃ də bote] |
| marca (f) de nacimiento | tache (f) de vin | [taʃ də vɛ̃] |

## 5. La medicina. Las drogas

| | | |
|---|---|---|
| salud (f) | santé (f) | [sɑ̃te] |
| sano (adj) | en bonne santé | [ɑ̃ bɔn sɑ̃te] |
| enfermedad (f) | maladie (f) | [maladi] |
| estar enfermo | être malade | [ɛtr malad] |
| enfermo (adj) | malade (adj) | [malad] |
| | | |
| resfriado (m) | refroidissement (m) | [rəfrwadismɑ̃] |
| resfriarse (vr) | prendre froid | [prɑ̃dr frwa] |
| angina (f) | angine (f) | [ɑ̃ʒin] |
| pulmonía (f) | pneumonie (f) | [pnømɔni] |
| gripe (f) | grippe (f) | [grip] |
| | | |
| resfriado (m) (coriza) | rhume (m) | [rym] |
| tos (f) | toux (f) | [tu] |
| toser (vi) | tousser (vi) | [tuse] |
| estornudar (vi) | éternuer (vi) | [etɛrnɥe] |
| | | |
| insulto (m) | insulte (f) | [ɛ̃sylt] |
| ataque (m) cardiaco | crise (f) cardiaque | [kriz kardjak] |
| alergia (f) | allergie (f) | [alɛrʒi] |
| asma (f) | asthme (m) | [asm] |
| diabetes (f) | diabète (m) | [djabɛt] |
| | | |
| tumor (m) | tumeur (f) | [tymœr] |
| cáncer (m) | cancer (m) | [kɑ̃sɛr] |
| alcoholismo (m) | alcoolisme (m) | [alkɔlism] |
| SIDA (m) | SIDA (m) | [sida] |
| fiebre (f) | fièvre (f) | [fjɛvr] |
| mareo (m) | mal (m) de mer | [mal də mɛr] |
| | | |
| moradura (f) | bleu (m) | [blø] |
| chichón (m) | bosse (f) | [bɔs] |
| cojear (vi) | boiter (vi) | [bwate] |
| dislocación (f) | foulure (f) | [fulyr] |
| dislocar (vt) | se démettre (vp) | [sə demɛtr] |
| | | |
| fractura (f) | fracture (f) | [fraktyr] |
| quemadura (f) | brûlure (f) | [brylyr] |
| herida (f) | blessure (f) | [blesyr] |
| dolor (m) | douleur (f) | [dulœr] |
| dolor (m) de muelas | mal (m) de dents | [mal də dɑ̃] |
| | | |
| sudar (vi) | suer (vi) | [sɥe] |
| sordo (adj) | sourd (adj) | [sur] |
| mudo (adj) | muet (adj) | [mɥɛ] |
| | | |
| inmunidad (f) | immunité (f) | [imynite] |
| virus (m) | virus (m) | [virys] |
| microbio (m) | microbe (m) | [mikrɔb] |

| | | |
|---|---|---|
| bacteria (f) | **bactérie** (f) | [bakteri] |
| infección (f) | **infection** (f) | [ɛ̃fɛksjɔ̃] |

| | | |
|---|---|---|
| hospital (m) | **hôpital** (m) | [ɔpital] |
| cura (f) | **cure** (f) | [kyr] |
| vacunar (vt) | **vacciner** (vt) | [vaksine] |
| estar en coma | **être dans le coma** | [ɛtr dɑ̃ lə kɔma] |
| revitalización (f) | **réanimation** (f) | [reanimasjɔ̃] |
| síntoma (m) | **symptôme** (m) | [sɛ̃ptom] |
| pulso (m) | **pouls** (m) | [pu] |

## 6. Los sentimientos. Las emociones

| | | |
|---|---|---|
| yo | **je** | [ʒə] |
| tú | **tu** | [ty] |
| él | **il** | [il] |
| ella | **elle** | [ɛl] |
| ello | **ça** | [sa] |

| | | |
|---|---|---|
| nosotros, -as | **nous** | [nu] |
| vosotros, -as | **vous** | [vu] |
| ellos | **ils** | [il] |
| ellas | **elles** | [ɛl] |

| | | |
|---|---|---|
| ¡Hola! (fam.) | **Bonjour!** | [bɔ̃ʒur] |
| ¡Hola! (form.) | **Bonjour!** | [bɔ̃ʒur] |
| ¡Buenos días! | **Bonjour!** | [bɔ̃ʒur] |
| ¡Buenas tardes! | **Bonjour!** | [bɔ̃ʒur] |
| ¡Buenas noches! | **Bonsoir!** | [bɔ̃swar] |

| | | |
|---|---|---|
| decir hola | **dire bonjour** | [dir bɔ̃ʒur] |
| saludar (vt) | **saluer** (vt) | [salɥe] |
| ¿Cómo estáis? | **Comment allez-vous?** | [kɔmɑ̃talevu] |
| ¿Cómo estás? | **Comment ça va?** | [kɔmɑ̃ sa va] |
| ¡Chau! ¡Adiós! | **Au revoir!** | [orəvwar] |
| ¡Gracias! | **Merci!** | [mɛrsi] |

| | | |
|---|---|---|
| sentimientos (m pl) | **sentiments** (m pl) | [sɑ̃timɑ̃] |
| tener hambre | **avoir faim** | [avwar fɛ̃] |
| tener sed | **avoir soif** | [avwar swaf] |
| cansado (adj) | **fatigué** (adj) | [fatige] |

| | | |
|---|---|---|
| inquietarse (vr) | **s'inquiéter** (vp) | [sɛ̃kjete] |
| estar nervioso | **s'énerver** (vp) | [senɛrve] |
| esperanza (f) | **espoir** (m) | [ɛspwar] |
| esperar (tener esperanza) | **espérer** (vi) | [ɛspere] |

| | | |
|---|---|---|
| carácter (m) | **caractère** (m) | [karaktɛr] |
| modesto (adj) | **modeste** (adj) | [mɔdɛst] |
| perezoso (adj) | **paresseux** (adj) | [parɛsø] |

| | | |
|---|---|---|
| generoso (adj) | généreux (adj) | [ʒenerø] |
| talentoso (adj) | doué (adj) | [dwe] |
| | | |
| honesto (adj) | honnête (adj) | [ɔnɛt] |
| serio (adj) | sérieux (adj) | [serjø] |
| tímido (adj) | timide (adj) | [timid] |
| sincero (adj) | sincère (adj) | [sɛ̃sɛr] |
| cobarde (m) | peureux (m) | [pœrø] |
| | | |
| dormir (vi) | dormir (vi) | [dɔrmir] |
| sueño (m) (dulces ~s) | rêve (m) | [rɛv] |
| cama (f) | lit (m) | [li] |
| almohada (f) | oreiller (m) | [ɔrɛje] |
| | | |
| insomnio (m) | insomnie (f) | [ɛ̃sɔmni] |
| irse a la cama | aller se coucher | [ale sə kuʃe] |
| pesadilla (f) | cauchemar (m) | [koʃmar] |
| despertador (m) | réveil (m) | [revɛj] |
| | | |
| sonrisa (f) | sourire (m) | [surir] |
| sonreír (vi) | sourire (vi) | [surir] |
| reírse (vr) | rire (vi) | [rir] |
| | | |
| disputa (f), riña (f) | dispute (f) | [dispyt] |
| insulto (m) | insulte (f) | [ɛ̃sylt] |
| ofensa (f) | offense (f) | [ɔfɑ̃s] |
| enfadado (adj) | fâché (adj) | [faʃe] |

## 7. La ropa. Accesorios personales

| | | |
|---|---|---|
| ropa (f) | vêtement (m) | [vɛtmɑ̃] |
| abrigo (m) | manteau (m) | [mɑ̃to] |
| abrigo (m) de piel | manteau (m) de fourrure | [mɑ̃to də furyr] |
| cazadora (f) | veste (f) | [vɛst] |
| impermeable (m) | imperméable (m) | [ɛ̃pɛrmeabl] |
| camisa (f) | chemise (f) | [ʃəmiz] |
| pantalones (m pl) | pantalon (m) | [pɑ̃talõ] |
| chaqueta (f), saco (m) | veston (m) | [vɛstõ] |
| traje (m) | complet (m) | [kõplɛ] |
| | | |
| vestido (m) | robe (f) | [rɔb] |
| falda (f) | jupe (f) | [ʒyp] |
| camiseta (f) (T-shirt) | tee-shirt (m) | [tiʃœrt] |
| bata (f) de baño | peignoir (m) de bain | [pɛɲwar də bɛ̃] |
| pijama (m) | pyjama (m) | [piʒama] |
| ropa (f) de trabajo | tenue (f) de travail | [təny də travaj] |
| | | |
| ropa (f) interior | sous-vêtements (m pl) | [suvɛtmɑ̃] |
| calcetines (m pl) | chaussettes (f pl) | [ʃosɛt] |
| sostén (m) | soutien-gorge (m) | [sutjɛ̃gɔrʒ] |

| | | |
|---|---|---|
| pantimedias (f pl) | collants (m pl) | [kɔlɑ̃] |
| medias (f pl) | bas (m pl) | [ba] |
| traje (m) de baño | maillot (m) de bain | [majo də bɛ̃] |

| | | |
|---|---|---|
| gorro (m) | chapeau (m) | [ʃapo] |
| calzado (m) | chaussures (f pl) | [ʃosyr] |
| botas (f pl) altas | bottes (f pl) | [bɔt] |
| tacón (m) | talon (m) | [talɔ̃] |
| cordón (m) | lacet (m) | [lase] |
| betún (m) | cirage (m) | [siraʒ] |

| | | |
|---|---|---|
| algodón (m) | coton (m) | [kɔtɔ̃] |
| lana (f) | laine (f) | [lɛn] |
| piel (f) (~ de zorro, etc.) | fourrure (f) | [furyr] |

| | | |
|---|---|---|
| guantes (m pl) | gants (m pl) | [gɑ̃] |
| manoplas (f pl) | moufles (f pl) | [mufl] |
| bufanda (f) | écharpe (f) | [eʃarp] |
| gafas (f pl) | lunettes (f pl) | [lynɛt] |
| paraguas (m) | parapluie (m) | [paraplɥi] |

| | | |
|---|---|---|
| corbata (f) | cravate (f) | [kravat] |
| moquero (m) | mouchoir (m) | [muʃwar] |
| peine (m) | peigne (m) | [pɛɲ] |
| cepillo (m) de pelo | brosse (f) à cheveux | [brɔs ɑ ʃəvø] |
| hebilla (f) | boucle (f) | [bukl] |
| cinturón (m) | ceinture (f) | [sɛ̃tyr] |
| bolso (m) | sac (m) à main | [sak ɑ mɛ̃] |

| | | |
|---|---|---|
| cuello (m) | col (m) | [kɔl] |
| bolsillo (m) | poche (f) | [pɔʃ] |
| manga (f) | manche (f) | [mɑ̃ʃ] |
| bragueta (f) | braguette (f) | [bragɛt] |

| | | |
|---|---|---|
| cremallera (f) | fermeture (f) à glissière | [fɛrmətyr ɑ glisjɛr] |
| botón (m) | bouton (m) | [butɔ̃] |
| ensuciarse (vr) | se salir (vp) | [sə salir] |
| mancha (f) | tache (f) | [taʃ] |

## 8. La ciudad. Las instituciones urbanas

| | | |
|---|---|---|
| tienda (f) | magasin (m) | [magazɛ̃] |
| centro (m) comercial | centre (m) commercial | [sɑ̃tr kɔmɛrsjal] |
| supermercado (m) | supermarché (m) | [sypɛrmarʃe] |
| zapatería (f) | magasin (m) de chaussures | [magazɛ̃ də ʃosyr] |
| librería (f) | librairie (f) | [librɛri] |

| | | |
|---|---|---|
| farmacia (f) | pharmacie (f) | [farmasi] |
| panadería (f) | boulangerie (f) | [bulɑ̃ʒri] |

| | | |
|---|---|---|
| pastelería (f) | pâtisserie (f) | [patisri] |
| tienda (f) de comestibles | épicerie (f) | [episri] |
| carnicería (f) | boucherie (f) | [buʃri] |
| verdulería (f) | magasin (m) de légumes | [magazɛ̃ də legym] |
| mercado (m) | marché (m) | [marʃe] |
| | | |
| peluquería (f) | salon (m) de coiffure | [salɔ̃ də kwafyr] |
| oficina (f) de correos | poste (f) | [pɔst] |
| tintorería (f) | pressing (m) | [presiŋ] |
| circo (m) | cirque (m) | [sirk] |
| zoológico (m) | zoo (m) | [zoo] |
| teatro (m) | théâtre (m) | [teatr] |
| cine (m) | cinéma (m) | [sinema] |
| museo (m) | musée (m) | [myze] |
| biblioteca (f) | bibliothèque (f) | [biblijotɛk] |
| | | |
| mezquita (f) | mosquée (f) | [mɔske] |
| sinagoga (f) | synagogue (f) | [sinagɔg] |
| catedral (f) | cathédrale (f) | [katedral] |
| templo (m) | temple (m) | [tãpl] |
| iglesia (f) | église (f) | [egliz] |
| | | |
| instituto (m) | institut (m) | [ɛ̃stity] |
| universidad (f) | université (f) | [ynivɛrsite] |
| escuela (f) | école (f) | [ekɔl] |
| | | |
| hotel (m) | hôtel (m) | [otɛl] |
| banco (m) | banque (f) | [bãk] |
| embajada (f) | ambassade (f) | [ãbasad] |
| agencia (f) de viajes | agence (f) de voyages | [aʒãs də vwajaʒ] |
| | | |
| metro (m) | métro (m) | [metro] |
| hospital (m) | hôpital (m) | [ɔpital] |
| gasolinera (f) | station-service (f) | [stasjɔ̃sɛrvis] |
| aparcamiento (m) | parking (m) | [parkiŋ] |
| | | |
| ENTRADA | ENTRÉE | [ãtre] |
| SALIDA | SORTIE | [sɔrti] |
| EMPUJAR | POUSSER | [puse] |
| TIRAR | TIRER | [tire] |
| | | |
| ABIERTO | OUVERT | [uvɛr] |
| CERRADO | FERMÉ | [fɛrme] |
| | | |
| monumento (m) | monument (m) | [mɔnymã] |
| fortaleza (f) | forteresse (f) | [fɔrtərɛs] |
| palacio (m) | palais (m) | [palɛ] |
| | | |
| medieval (adj) | médiéval (adj) | [medjeval] |
| antiguo (adj) | ancien (adj) | [ãsjɛ̃] |
| nacional (adj) | national (adj) | [nasjɔnal] |
| conocido (adj) | connu (adj) | [kɔny] |

## 9. El dinero. Las finanzas

| | | |
|---|---|---|
| dinero (m) | **argent** (m) | [arʒɑ̃] |
| moneda (f) | **monnaie** (f) | [mɔnɛ] |
| dólar (m) | **dollar** (m) | [dɔlar] |
| euro (m) | **euro** (m) | [øro] |
| | | |
| cajero (m) automático | **distributeur** (m) | [distribytœr] |
| oficina (f) de cambio | **bureau** (m) **de change** | [byro də ʃɑ̃ʒ] |
| curso (m) | **cours** (m) **de change** | [kur də ʃɑ̃ʒ] |
| dinero (m) en efectivo | **espèces** (f pl) | [ɛspɛs] |
| ¿Cuánto? | **Combien?** | [kɔ̃bjɛ̃] |
| pagar (vi, vt) | **payer** (vi, vt) | [peje] |
| pago (m) | **paiement** (m) | [pɛmɑ̃] |
| cambio (m) (devolver el ~) | **monnaie** (f) | [mɔnɛ] |
| | | |
| precio (m) | **prix** (m) | [pri] |
| descuento (m) | **rabais** (m) | [rabɛ] |
| barato (adj) | **bon marché** (adj) | [bɔ̃ marʃe] |
| caro (adj) | **cher** (adj) | [ʃɛr] |
| | | |
| banco (m) | **banque** (f) | [bɑ̃k] |
| cuenta (f) | **compte** (m) | [kɔ̃t] |
| tarjeta (f) de crédito | **carte** (f) **de crédit** | [kart də kredi] |
| cheque (m) | **chèque** (m) | [ʃɛk] |
| sacar un cheque | **faire un chèque** | [fɛr œ̃ ʃɛk] |
| talonario (m) | **chéquier** (m) | [ʃekje] |
| | | |
| deuda (f) | **dette** (f) | [dɛt] |
| deudor (m) | **débiteur** (m) | [debitœr] |
| prestar (vt) | **prêter** (vt) | [prete] |
| tomar prestado | **emprunter** (vt) | [ɑ̃prœ̃te] |
| | | |
| alquilar (vt) | **louer** (vt) | [lwe] |
| a crédito (adv) | **à crédit** (adv) | [akredi] |
| cartera (f) | **portefeuille** (m) | [portəfœj] |
| caja (f) fuerte | **coffre fort** (m) | [kɔfr fɔr] |
| herencia (f) | **héritage** (m) | [eritaʒ] |
| fortuna (f) | **fortune** (f) | [fɔrtyn] |
| | | |
| impuesto (m) | **impôt** (m) | [ɛ̃po] |
| multa (f) | **amende** (f) | [amɑ̃d] |
| multar (vt) | **mettre une amende** | [mɛtr ynamɑ̃d] |
| | | |
| al por mayor (adj) | **en gros** (adj) | [ɑ̃ gro] |
| al por menor (adj) | **au détail** (adj) | [odetaj] |
| asegurar (vt) | **assurer** (vt) | [asyre] |
| seguro (m) | **assurance** (f) | [asyrɑ̃s] |
| | | |
| capital (m) | **capital** (m) | [kapital] |
| volumen (m) de negocio | **chiffre** (m) **d'affaires** | [ʃifr dafɛr] |

| acción (f) | action (f) | [aksjɔ̃] |
| beneficio (m) | profit (m) | [prɔfi] |
| beneficioso (adj) | profitable (adj) | [prɔfitabl] |

| crisis (f) | crise (f) | [kriz] |
| bancarrota (f) | faillite (f) | [fajit] |
| ir a la bancarrota | faire faillite | [fɛr fajit] |

| contable (m) | comptable (m) | [kɔ̃tabl] |
| salario (m) | salaire (m) | [salɛr] |
| premio (m) | prime (f) | [prim] |

## 10. El transporte

| autobús (m) | autobus (m) | [otobys] |
| tranvía (m) | tramway (m) | [tramwɛ] |
| trolebús (m) | trolleybus (m) | [trɔlɛbys] |

| ir en ... | prendre ... | [prãdr] |
| tomar (~ el autobús) | monter (vi) | [mɔ̃te] |
| bajar (~ del tren) | descendre de ... | [desãdr də] |

| parada (f) | arrêt (m) | [arɛ] |
| parada (f) final | terminus (m) | [tɛrminys] |
| horario (m) | horaire (m) | [ɔrɛr] |
| billete (m) | ticket (m) | [tikɛ] |
| llegar tarde (vi) | être en retard | [ɛtr ã rətar] |

| taxi (m) | taxi (m) | [taksi] |
| en taxi | en taxi | [ã taksi] |
| parada (f) de taxi | arrêt (m) de taxi | [arɛ də taksi] |

| tráfico (m) | trafic (m) | [trafik] |
| horas (f pl) de punta | heures (f pl) de pointe | [œr də pwɛ̃t] |
| aparcar (vi) | se garer (vp) | [sə gare] |

| metro (m) | métro (m) | [metro] |
| estación (f) | station (f) | [stasjɔ̃] |
| tren (m) | train (m) | [trɛ̃] |
| estación (f) | gare (f) | [gar] |
| rieles (m pl) | rails (m pl) | [raj] |
| compartimiento (m) | compartiment (m) | [kɔ̃partimã] |
| litera (f) | couchette (f) | [kuʃɛt] |

| avión (m) | avion (m) | [avjɔ̃] |
| billete (m) de avión | billet (m) d'avion | [bijɛ davjɔ̃] |
| compañía (f) aérea | compagnie (f) aérienne | [kɔ̃paɲi aerjɛn] |
| aeropuerto (m) | aéroport (m) | [aeropɔr] |
| vuelo (m) | vol (m) | [vɔl] |
| equipaje (m) | bagage (m) | [bagaʒ] |

| | | |
|---|---|---|
| carrito (m) de equipaje | chariot (m) | [ʃarjo] |
| barco, buque (m) | bateau (m) | [bato] |
| trasatlántico (m) | bateau (m) de croisière | [bato də krwazjɛr] |
| yate (m) | yacht (m) | [jot] |
| bote (m) de remo | canot (m) à rames | [kano ɑ ram] |
| | | |
| capitán (m) | capitaine (m) | [kapitɛn] |
| camarote (m) | cabine (f) | [kabin] |
| puerto (m) | port (m) | [pɔr] |
| | | |
| bicicleta (f) | vélo (m) | [velo] |
| scooter (m) | scooter (m) | [skutœr] |
| motocicleta (f) | moto (f) | [mɔto] |
| pedal (m) | pédale (f) | [pedal] |
| bomba (f) | pompe (f) | [pɔ̃p] |
| rueda (f) | roue (f) | [ru] |
| | | |
| coche (m) | automobile (f) | [otomɔbil] |
| ambulancia (f) | ambulance (f) | [ɑ̃bylɑ̃s] |
| camión (m) | camion (m) | [kamjɔ̃] |
| de ocasión (adj) | d'occasion (adj) | [dɔkazjɔ̃] |
| accidente (m) | accident (m) | [aksidɑ̃] |
| reparación (f) | réparation (f) | [reparasjɔ̃] |

## 11. La comida. Unidad 1

| | | |
|---|---|---|
| carne (f) | viande (f) | [vjɑ̃d] |
| gallina (f) | poulet (m) | [pulɛ] |
| pato (m) | canard (m) | [kanar] |
| | | |
| carne (f) de cerdo | du porc | [dy pɔr] |
| carne (f) de ternera | du veau | [dy vo] |
| carne (f) de carnero | du mouton | [dy mutɔ̃] |
| carne (f) de vaca | du bœuf | [dy bœf] |
| | | |
| salchichón (m) | saucisson (m) | [sosisɔ̃] |
| huevo (m) | œuf (m) | [œf] |
| pescado (m) | poisson (m) | [pwasɔ̃] |
| queso (m) | fromage (m) | [frɔmaʒ] |
| azúcar (m) | sucre (m) | [sykr] |
| sal (f) | sel (m) | [sɛl] |
| | | |
| arroz (m) | riz (m) | [ri] |
| macarrones (m pl) | pâtes (m pl) | [pɑt] |
| mantequilla (f) | beurre (m) | [bœr] |
| aceite (m) vegetal | huile (f) végétale | [ɥil veʒetal] |
| pan (m) | pain (m) | [pɛ̃] |
| chocolate (m) | chocolat (m) | [ʃɔkɔla] |
| vino (m) | vin (m) | [vɛ̃] |
| café (m) | café (m) | [kafe] |

| | | |
|---|---|---|
| leche (f) | lait (m) | [lɛ] |
| zumo (m), jugo (m) | jus (m) | [ʒy] |
| cerveza (f) | bière (f) | [bjɛr] |
| té (m) | thé (m) | [te] |

| | | |
|---|---|---|
| tomate (m) | tomate (f) | [tɔmat] |
| pepino (m) | concombre (m) | [kɔ̃kɔ̃br] |
| zanahoria (f) | carotte (f) | [karɔt] |
| patata (f) | pomme (f) de terre | [pɔm də tɛr] |
| cebolla (f) | oignon (m) | [ɔɲɔ̃] |
| ajo (m) | ail (m) | [aj] |

| | | |
|---|---|---|
| col (f) | chou (m) | [ʃu] |
| remolacha (f) | betterave (f) | [bɛtrav] |
| berenjena (f) | aubergine (f) | [obɛrʒin] |
| eneldo (m) | fenouil (m) | [fənuj] |
| lechuga (f) | laitue (f), salade (f) | [lety], [salad] |
| maíz (m) | maïs (m) | [mais] |

| | | |
|---|---|---|
| fruto (m) | fruit (m) | [frɥi] |
| manzana (f) | pomme (f) | [pɔm] |
| pera (f) | poire (f) | [pwar] |
| limón (m) | citron (m) | [sitrɔ̃] |
| naranja (f) | orange (f) | [ɔrɑ̃ʒ] |
| fresa (f) | fraise (f) | [frɛz] |

| | | |
|---|---|---|
| ciruela (f) | prune (f) | [pryn] |
| frambuesa (f) | framboise (f) | [frɑ̃bwaz] |
| piña (f) | ananas (m) | [anana] |
| banana (f) | banane (f) | [banan] |
| sandía (f) | pastèque (f) | [pastɛk] |
| uva (f) | raisin (m) | [rɛzɛ̃] |
| melón (m) | melon (m) | [məlɔ̃] |

## 12. La comida. Unidad 2

| | | |
|---|---|---|
| cocina (f) | cuisine (f) | [kɥizin] |
| receta (f) | recette (f) | [rəsɛt] |
| comida (f) | nourriture (f) | [nurityr] |

| | | |
|---|---|---|
| desayunar (vi) | prendre le petit déjeuner | [prɑ̃dr ləpti deʒœne] |
| almorzar (vi) | déjeuner (vi) | [deʒœne] |
| cenar (vi) | dîner (vi) | [dine] |

| | | |
|---|---|---|
| sabor (m) | goût (m) | [gu] |
| sabroso (adj) | bon (adj) | [bɔ̃] |
| frío (adj) | froid (adj) | [frwa] |
| caliente (adj) | chaud (adj) | [ʃo] |
| azucarado, dulce (adj) | sucré (adj) | [sykre] |
| salado (adj) | salé (adj) | [sale] |

| bocadillo (m) | sandwich (m) | [sãdwitʃ] |
| guarnición (f) | garniture (f) | [garnityr] |
| relleno (m) | garniture (f) | [garnityr] |
| salsa (f) | sauce (f) | [sos] |
| pedazo (m) | morceau (m) | [mɔrso] |

| dieta (f) | régime (m) | [reʒim] |
| vitamina (f) | vitamine (f) | [vitamin] |
| caloría (f) | calorie (f) | [kalɔri] |
| vegetariano (m) | végétarien (m) | [veʒetarjɛ̃] |

| restaurante (m) | restaurant (m) | [rɛstɔrã] |
| cafetería (f) | salon (m) de café | [salõ də kafe] |
| apetito (m) | appétit (m) | [apeti] |
| ¡Que aproveche! | Bon appétit! | [bɔn apeti] |

| camarero (m) | serveur (m) | [sɛrvœr] |
| camarera (f) | serveuse (f) | [sɛrvøz] |
| barman (m) | barman (m) | [barman] |
| carta (f), menú (m) | carte (f) | [kart] |

| cuchara (f) | cuillère (f) | [kyijɛr] |
| cuchillo (m) | couteau (m) | [kuto] |
| tenedor (m) | fourchette (f) | [furʃɛt] |
| taza (f) | tasse (f) | [tɑs] |

| plato (m) | assiette (f) | [asjɛt] |
| platillo (m) | soucoupe (f) | [sukup] |
| servilleta (f) | serviette (f) | [sɛrvjɛt] |
| mondadientes (m) | cure-dent (m) | [kyrdã] |

| pedir (vt) | commander (vt) | [kɔmãde] |
| plato (m) | plat (m) | [pla] |
| porción (f) | portion (f) | [pɔrsjõ] |
| entremés (m) | hors-d'œuvre (m) | [ɔrdœvr] |
| ensalada (f) | salade (f) | [salad] |
| sopa (f) | soupe (f) | [sup] |

| postre (m) | dessert (m) | [desɛr] |
| confitura (f) | confiture (f) | [kõfityr] |
| helado (m) | glace (f) | [glas] |
| cuenta (f) | addition (f) | [adisjõ] |
| pagar la cuenta | régler l'addition | [regle ladisjõ] |
| propina (f) | pourboire (m) | [purbwar] |

## 13. La casa. El apartamento. Unidad 1

| casa (f) | maison (f) | [mɛzõ] |
| casa (f) de campo | maison (f) de campagne | [mɛzõ də kãpaɲ] |
| villa (f) | villa (f) | [vila] |

| | | |
|---|---|---|
| piso (m), planta (f) | étage (m) | [etaʒ] |
| entrada (f) | entrée (f) | [ɑ̃tre] |
| pared (f) | mur (m) | [myr] |
| techo (m) | toit (m) | [twa] |
| chimenea (f) | cheminée (f) | [ʃəmine] |
| | | |
| desván (m) | grenier (m) | [grənje] |
| ventana (f) | fenêtre (f) | [fənɛtr] |
| alféizar (m) | rebord (m) | [rəbɔr] |
| balcón (m) | balcon (m) | [balkɔ̃] |
| | | |
| escalera (f) | escalier (m) | [ɛskalje] |
| buzón (m) | boîte (f) à lettres | [bwat ɑ lɛtr] |
| contenedor (m) de basura | poubelle (f) | [pubɛl] |
| ascensor (m) | ascenseur (m) | [asɑ̃sœr] |
| | | |
| electricidad (f) | électricité (f) | [elɛktrisite] |
| bombilla (f) | ampoule (f) | [ɑ̃pul] |
| interruptor (m) | interrupteur (m) | [ɛ̃teryptœr] |
| enchufe (m) | prise (f) | [priz] |
| fusible (m) | fusible (m) | [fyzibl] |
| | | |
| puerta (f) | porte (f) | [pɔrt] |
| tirador (m) | poignée (f) | [pwaɲe] |
| llave (f) | clé, clef (f) | [kle] |
| felpudo (m) | paillasson (m) | [pajasɔ̃] |
| | | |
| cerradura (f) | serrure (f) | [seryr] |
| timbre (m) | sonnette (f) | [sɔnɛt] |
| toque (m) a la puerta | coups (m pl) à la porte | [ku ɑla pɔrt] |
| tocar la puerta | frapper (vi) | [frape] |
| mirilla (f) | judas (m) | [ʒyda] |
| | | |
| patio (m) | cour (f) | [kur] |
| jardín (m) | jardin (m) | [ʒardɛ̃] |
| piscina (f) | piscine (f) | [pisin] |
| gimnasio (m) | salle (f) de gym | [sal də ʒim] |
| cancha (f) de tenis | court (m) de tennis | [kur də tenis] |
| garaje (m) | garage (m) | [garaʒ] |
| | | |
| propiedad (f) privada | propriété (f) privée | [prɔprijete prive] |
| letrero (m) de aviso | panneau (m) d'avertissement | [pano davɛrtismɑ̃] |
| | | |
| seguridad (f) | sécurité (f) | [sekyrite] |
| guardia (m) de seguridad | agent (m) de sécurité | [aʒɑ̃ də sekyrite] |
| | | |
| renovación (f) | rénovation (f) | [renɔvasjɔ̃] |
| renovar (vt) | faire la rénovation | [fɛr la renɔvasjɔ̃] |
| poner en orden | remettre en ordre | [rəmɛtr anɔrdr] |
| pintar (las paredes) | peindre (vt) | [pɛ̃dr] |
| empapelado (m) | papier (m) peint | [papje pɛ̃] |
| cubrir con barniz | vernir (vt) | [vɛrnir] |

| tubo (m) | tuyau (m) | [tųijo] |
| instrumentos (m pl) | outils (m pl) | [uti] |
| sótano (m) | sous-sol (m) | [susɔl] |
| alcantarillado (m) | égouts (m pl) | [egu] |

## 14. La casa. El apartamento. Unidad 2

| apartamento (m) | appartement (m) | [apartəmɑ̃] |
| habitación (f) | chambre (f) | [ʃɑ̃br] |
| dormitorio (m) | chambre (f) à coucher | [ʃɑ̃br a kuʃe] |
| comedor (m) | salle (f) à manger | [sal a mɑ̃ʒe] |

| salón (m) | salon (m) | [salɔ̃] |
| despacho (m) | bureau (m) | [byro] |
| antecámara (f) | antichambre (f) | [ɑ̃tiʃɑ̃br] |
| cuarto (m) de baño | salle (f) de bains | [sal də bɛ̃] |
| servicio (m) | toilettes (f pl) | [twalɛt] |

| suelo (m) | plancher (m) | [plɑ̃ʃe] |
| techo (m) | plafond (m) | [plafɔ̃] |

| limpiar el polvo | essuyer la poussière | [esɥije la pusjɛr] |
| aspirador (m), aspiradora (f) | aspirateur (m) | [aspiratœr] |
| limpiar con la aspiradora | passer l'aspirateur | [pɑse laspiratœr] |

| fregona (f) | balai (m) à franges | [balɛ a frɑ̃ʒ] |
| trapo (m) | torchon (m) | [tɔrʃɔ̃] |
| escoba (f) | balayette (f) | [balɛjɛt] |
| cogedor (m) | pelle (f) à ordures | [pɛl a ɔrdyr] |
| muebles (m pl) | meubles (m pl) | [mœbl] |
| mesa (f) | table (f) | [tabl] |
| silla (f) | chaise (f) | [ʃɛz] |
| sillón (m) | fauteuil (m) | [fotœj] |

| librería (f) | bibliothèque (f) | [biblijɔtɛk] |
| estante (m) | rayon (m) | [rɛjɔ̃] |
| armario (m) | armoire (f) | [armwar] |

| espejo (m) | miroir (m) | [mirwar] |
| tapiz (m) | tapis (m) | [tapi] |
| chimenea (f) | cheminée (f) | [ʃəmine] |
| cortinas (f pl) | rideaux (m pl) | [rido] |
| lámpara (f) de mesa | lampe (f) de table | [lɑ̃p də tabl] |
| lámpara (f) de araña | lustre (m) | [lystr] |

| cocina (f) | cuisine (f) | [kɥizin] |
| cocina (f) de gas | cuisinière (f) à gaz | [kɥizinjɛr a gaz] |
| cocina (f) eléctrica | cuisinière (f) électrique | [kɥizinjɛr elɛktrik] |
| horno (m) microondas | four (m) micro-ondes | [fur mikrɔɔ̃d] |
| frigorífico (m) | réfrigérateur (m) | [refriʒeratœr] |

| congelador (m) | congélateur (m) | [kɔ̃ʒelatœr] |
| lavavajillas (m) | lave-vaisselle (m) | [lavvesɛl] |
| grifo (m) | robinet (m) | [rɔbinɛ] |

| picadora (f) de carne | hachoir (m) | [aʃwar] |
| exprimidor (m) | centrifugeuse (f) | [sɑ̃trifyʒøz] |
| tostador (m) | grille-pain (m) | [grijpɛ̃] |
| batidora (f) | batteur (m) | [batœr] |

| cafetera (f) (aparato de cocina) | machine (f) à café | [maʃin ɑ kafe] |
| hervidor (m) de agua | bouilloire (f) | [bujwar] |
| tetera (f) | théière (f) | [tejɛr] |

| televisor (m) | télé (f) | [tele] |
| vídeo (m) | magnétoscope (m) | [maɲetɔskɔp] |
| plancha (f) | fer (m) à repasser | [fɛr ɑ rəpase] |
| teléfono (m) | téléphone (m) | [telefɔn] |

## 15. Los trabajos. El estatus social

| director (m) | directeur (m) | [dirɛktœr] |
| superior (m) | supérieur (m) | [syperjœr] |
| presidente (m) | président (m) | [prezidɑ̃] |
| asistente (m) | assistant (m) | [asistɑ̃] |
| secretario, -a (m, f) | secrétaire (m, f) | [səkretɛr] |

| propietario (m) | propriétaire (m) | [prɔprijetɛr] |
| socio (m) | partenaire (m) | [partənɛr] |
| accionista (m) | actionnaire (m) | [aksjɔnɛr] |

| hombre (m) de negocios | homme (m) d'affaires | [ɔm dafɛr] |
| millonario (m) | millionnaire (m) | [miljɔnɛr] |
| multimillonario (m) | milliardaire (m) | [miljardɛr] |

| actor (m) | acteur (m) | [aktœr] |
| arquitecto (m) | architecte (m) | [arʃitɛkt] |
| banquero (m) | banquier (m) | [bɑ̃kje] |
| broker (m) | courtier (m) | [kurtje] |
| veterinario (m) | vétérinaire (m) | [veterinɛr] |
| médico (m) | médecin (m) | [medsɛ̃] |
| camarera (f) | femme (f) de chambre | [fam də ʃɑ̃br] |
| diseñador (m) | designer (m) | [dizajnœr] |
| corresponsal (m) | correspondant (m) | [kɔrɛspɔ̃dɑ̃] |
| repartidor (m) | livreur (m) | [livrœr] |

| electricista (m) | électricien (m) | [elɛktrisjɛ̃] |
| músico (m) | musicien (m) | [myzisjɛ̃] |
| niñera (f) | baby-sitter (m, f) | [bebisitœr] |
| peluquero (m) | coiffeur (m) | [kwafœr] |

| | | |
|---|---|---|
| pastor (m) | berger (m) | [bɛrʒe] |
| cantante (m) | chanteur (m) | [ʃɑ̃tœr] |
| traductor (m) | traducteur (m) | [tradyktœr] |
| escritor (m) | écrivain (m) | [ekrivɛ̃] |
| carpintero (m) | charpentier (m) | [ʃarpɑ̃tje] |
| cocinero (m) | cuisinier (m) | [kɥizinje] |
| | | |
| bombero (m) | pompier (m) | [pɔ̃pje] |
| policía (m) | policier (m) | [polisje] |
| cartero (m) | facteur (m) | [faktœr] |
| programador (m) | programmeur (m) | [programœr] |
| vendedor (m) | vendeur (m) | [vɑ̃dœr] |
| | | |
| obrero (m) | ouvrier (m) | [uvrije] |
| jardinero (m) | jardinier (m) | [ʒardinje] |
| fontanero (m) | plombier (m) | [plɔ̃bje] |
| dentista (m) | stomatologue (m) | [stɔmatɔlɔg] |
| azafata (f) | hôtesse (f) de l'air | [otɛs də lɛr] |
| | | |
| bailarín (m) | danseur (m) | [dɑ̃sœr] |
| guardaespaldas (m) | garde (m) du corps | [gard dy kɔr] |
| científico (m) | savant (m) | [savɑ̃] |
| profesor (m) (~ de baile, etc.) | professeur (m) | [prɔfɛsœr] |
| | | |
| granjero (m) | fermier (m) | [fɛrmje] |
| cirujano (m) | chirurgien (m) | [ʃiryrʒjɛ̃] |
| minero (m) | mineur (m) | [minœr] |
| jefe (m) de cocina | cuisinier (m) en chef | [kɥizinje ɑ̃ ʃɛf] |
| chofer (m) | chauffeur (m) | [ʃofœr] |

## 16. Los deportes

| | | |
|---|---|---|
| tipo (m) de deporte | type (m) de sport | [tip də spɔr] |
| fútbol (m) | football (m) | [futbol] |
| hockey (m) | hockey (m) | [ɔkɛ] |
| baloncesto (m) | basket-ball (m) | [baskɛtbol] |
| béisbol (m) | base-ball (m) | [bɛzbol] |
| | | |
| voleibol (m) | volley-ball (m) | [vɔlɛbol] |
| boxeo (m) | boxe (f) | [bɔks] |
| lucha (f) | lutte (f) | [lyt] |
| tenis (m) | tennis (m) | [tenis] |
| natación (f) | natation (f) | [natasjɔ̃] |
| | | |
| ajedrez (m) | échecs (m pl) | [eʃɛk] |
| carrera (f) | course (f) | [kurs] |
| atletismo (m) | athlétisme (m) | [atletism] |
| patinaje (m) artístico | patinage (m) artistique | [patinaʒ artistik] |
| ciclismo (m) | cyclisme (m) | [siklism] |

| | | |
|---|---|---|
| billar (m) | **billard** (m) | [bijar] |
| culturismo (m) | **bodybuilding** (m) | [bɔdibildiŋ] |
| golf (m) | **golf** (m) | [gɔlf] |
| buceo (m) | **plongée** (f) | [plɔ̃ʒe] |
| vela (f) | **voile** (f) | [vwal] |
| tiro (m) con arco | **tir** (m) **à l'arc** | [tir a lark] |

| | | |
|---|---|---|
| tiempo (m) | **mi-temps** (f) | [mitã] |
| descanso (m) | **mi-temps** (f) | [mitã] |
| empate (m) | **match** (m) **nul** | [matʃnyl] |
| empatar (vi) | **faire match nul** | [fɛr matʃnyl] |

| | | |
|---|---|---|
| cinta (f) de correr | **tapis** (m) **roulant** | [tapi rulã] |
| jugador (m) | **joueur** (m) | [ʒwœr] |
| reserva (m) | **remplaçant** (m) | [rãplasã] |
| banquillo (m) de reserva | **banc** (m) **des remplaçants** | [bã de rãplasã] |

| | | |
|---|---|---|
| match (m) | **match** (m) | [matʃ] |
| puerta (f) | **but** (m) | [byt] |
| portero (m) | **gardien** (m) **de but** | [gardjɛ̃ də byt] |
| gol (m) | **but** (m) | [byt] |

| | | |
|---|---|---|
| Juegos (m pl) Olímpicos | **Jeux** (m pl) **olympiques** | [ʒø zɔlɛ̃pik] |
| establecer un record | **établir un record** | [etablir œ̃ rəkɔr] |
| final (m) | **finale** (f) | [final] |
| campeón (m) | **champion** (m) | [ʃãpjɔ̃] |
| campeonato (m) | **championnat** (m) | [ʃãpjɔna] |

| | | |
|---|---|---|
| vencedor (m) | **gagnant** (m) | [gaɲã] |
| victoria (f) | **victoire** (f) | [viktwar] |
| ganar (vi) | **gagner** (vi) | [gaɲe] |
| perder (vi) | **perdre** (vi) | [pɛrdr] |
| medalla (f) | **médaille** (f) | [medaj] |

| | | |
|---|---|---|
| primer puesto (m) | **première place** (f) | [prəmjɛr plas] |
| segundo puesto (m) | **deuxième place** (f) | [døzjɛm plas] |
| tercer puesto (m) | **troisième place** (f) | [trwazjɛm plas] |

| | | |
|---|---|---|
| estadio (m) | **stade** (m) | [stad] |
| hincha (m) | **supporteur** (m) | [sypɔrtœr] |
| entrenador (m) | **entraîneur** (m) | [ãtrɛnœr] |
| entrenamiento (m) | **entraînement** (m) | [ãtrɛnmã] |

## 17. Los idiomas extranjeros. La ortografía

| | | |
|---|---|---|
| lengua (f) | **langue** (f) | [lãg] |
| estudiar (vt) | **étudier** (vt) | [etydje] |
| pronunciación (f) | **prononciation** (f) | [prɔnɔ̃sjasjɔ̃] |
| acento (m) | **accent** (m) | [aksã] |
| sustantivo (m) | **nom** (m) | [nɔ̃] |

| | | |
|---|---|---|
| adjetivo (m) | adjectif (m) | [adʒɛktif] |
| verbo (m) | verbe (m) | [vɛrb] |
| adverbio (m) | adverbe (m) | [advɛrb] |
| pronombre (m) | pronom (m) | [prɔnɔ̃] |
| interjección (f) | interjection (f) | [ɛ̃tɛrʒɛksjɔ̃] |
| preposición (f) | préposition (f) | [prepozisjɔ̃] |
| raíz (f), radical (m) | racine (f) | [rasin] |
| desinencia (f) | terminaison (f) | [tɛrminɛzɔ̃] |
| prefijo (m) | préfixe (m) | [prefiks] |
| sílaba (f) | syllabe (f) | [silab] |
| sufijo (m) | suffixe (m) | [syfiks] |
| acento (m) | accent (m) tonique | [aksɑ̃ tɔnik] |
| punto (m) | point (m) | [pwɛ̃] |
| coma (m) | virgule (f) | [virgyl] |
| dos puntos (m pl) | deux-points (m) | [døpwɛ̃] |
| puntos (m pl) suspensivos | points (m pl) de suspension | [pwɛ̃ də syspɑ̃sjɔ̃] |
| pregunta (f) | question (f) | [kɛstjɔ̃] |
| signo (m) de interrogación | point (m) d'interrogation | [pwɛ̃ dɛ̃tɛrɔgasjɔ̃] |
| signo (m) de admiración | point (m) d'exclamation | [pwɛ̃ dɛksklamasjɔ̃] |
| entre comillas | entre guillemets | [ɑ̃tr gijmɛ] |
| entre paréntesis | entre parenthèses | [ɑ̃tr parɑ̃tɛz] |
| letra (f) | lettre (f) | [lɛtr] |
| letra (f) mayúscula | majuscule (f) | [maʒyskyl] |
| oración (f) | proposition (f) | [prɔpozisjɔ̃] |
| combinación (f) de palabras | groupe (m) de mots | [grup də mo] |
| expresión (f) | expression (f) | [ɛkspresjɔ̃] |
| sujeto (m) | sujet (m) | [syʒɛ] |
| predicado (m) | prédicat (m) | [predika] |
| línea (f) | ligne (f) | [liɲ] |
| párrafo (m) | paragraphe (m) | [paragraf] |
| sinónimo (m) | synonyme (m) | [sinɔnim] |
| antónimo (m) | antonyme (m) | [ɑ̃tɔnim] |
| excepción (f) | exception (f) | [ɛksɛpsjɔ̃] |
| subrayar (vt) | souligner (vt) | [suliɲe] |
| reglas (f pl) | règles (f pl) | [rɛgl] |
| gramática (f) | grammaire (f) | [gramɛr] |
| vocabulario (m) | vocabulaire (m) | [vɔkabylɛr] |
| fonética (f) | phonétique (f) | [fɔnetik] |
| alfabeto (m) | alphabet (m) | [alfabɛ] |
| manual (m) | manuel (m) | [manɥɛl] |
| diccionario (m) | dictionnaire (m) | [diksjɔnɛr] |

| guía (f) de conversación | guide (m) de conversation | [gid də kɔ̃vɛrsasjɔ̃] |
|---|---|---|
| palabra (f) | mot (m) | [mo] |
| significado (m) | sens (m) | [sɑ̃s] |
| memoria (f) | mémoire (f) | [memwar] |

## 18. La Tierra. La geografía

| Tierra (f) | Terre (f) | [tɛr] |
|---|---|---|
| globo (m) terrestre | globe (m) terrestre | [glɔb tɛrɛstr] |
| planeta (m) | planète (f) | [planɛt] |

| geografía (f) | géographie (f) | [ʒeɔgrafi] |
|---|---|---|
| naturaleza (f) | nature (f) | [natyr] |
| mapa (m) | carte (f) | [kart] |
| atlas (m) | atlas (m) | [atlas] |

| en el norte | au nord | [onɔr] |
|---|---|---|
| en el sur | au sud | [osyd] |
| en el oeste | à l'occident | [alɔksidɑ̃] |
| en el este | à l'orient | [alɔrjɑ̃] |

| mar (m) | mer (f) | [mɛr] |
|---|---|---|
| océano (m) | océan (m) | [ɔseɑ̃] |
| golfo (m) | golfe (m) | [gɔlf] |
| estrecho (m) | détroit (m) | [detrwa] |

| continente (m) | continent (m) | [kɔ̃tinɑ̃] |
|---|---|---|
| isla (f) | île (f) | [il] |
| península (f) | presqu'île (f) | [prɛskil] |
| archipiélago (m) | archipel (m) | [arʃipɛl] |

| ensenada, bahía (f) | port (m) | [pɔr] |
|---|---|---|
| arrecife (m) de coral | récif (m) de corail | [resif də kɔraj] |
| orilla (f) | littoral (m) | [litɔral] |
| costa (f) | côte (f) | [kot] |

| flujo (m) | marée (f) haute | [mare ot] |
|---|---|---|
| reflujo (m) | marée (f) basse | [mare bas] |

| latitud (f) | latitude (f) | [latityd] |
|---|---|---|
| longitud (f) | longitude (f) | [lɔ̃ʒityd] |
| paralelo (m) | parallèle (f) | [paralɛl] |
| ecuador (m) | équateur (m) | [ekwatœr] |

| cielo (m) | ciel (m) | [sjɛl] |
|---|---|---|
| horizonte (m) | horizon (m) | [ɔrizɔ̃] |
| atmósfera (f) | atmosphère (f) | [atmɔsfɛr] |
| montaña (f) | montagne (f) | [mɔ̃taɲ] |
| cima (f) | sommet (m) | [sɔmɛ] |

| roca (f) | rocher (m) | [rɔʃe] |
| colina (f) | colline (f) | [kɔlin] |

| volcán (m) | volcan (m) | [vɔlkɑ̃] |
| glaciar (m) | glacier (m) | [glasje] |
| cascada (f) | chute (f) d'eau | [ʃyt do] |
| llanura (f) | plaine (f) | [plɛn] |

| río (m) | rivière (f), fleuve (m) | [rivjɛr], [flœv] |
| manantial (m) | source (f) | [surs] |
| ribera (f) | rive (f) | [riv] |
| río abajo (adv) | en aval | [ɑn aval] |
| río arriba (adv) | en amont | [ɑn amɔ̃] |

| lago (m) | lac (m) | [lak] |
| presa (f) | barrage (m) | [baraʒ] |
| canal (m) | canal (m) | [kanal] |
| pantano (m) | marais (m) | [marɛ] |
| hielo (m) | glace (f) | [glas] |

# 19. Los países. Unidad 1

| Europa (f) | Europe (f) | [ørɔp] |
| Unión (f) Europea | Union (f) européenne | [ynjɔn ørɔpeɛn] |
| europeo (m) | européen (m) | [ørɔpeɛ̃] |
| europeo (adj) | européen (adj) | [ørɔpeɛ̃] |

| Austria (f) | Autriche (f) | [otriʃ] |
| Gran Bretaña (f) | Grande-Bretagne (f) | [grɑ̃dbrətaɲ] |
| Inglaterra (f) | Angleterre (f) | [ɑ̃glətɛr] |
| Bélgica (f) | Belgique (f) | [bɛlʒik] |
| Alemania (f) | Allemagne (f) | [almaɲ] |

| Países Bajos (m pl) | Pays-Bas (m) | [peiba] |
| Holanda (f) | Hollande (f) | [ɔlɑ̃d] |
| Grecia (f) | Grèce (f) | [grɛs] |
| Dinamarca (f) | Danemark (m) | [danmark] |
| Irlanda (f) | Irlande (f) | [irlɑ̃d] |

| Islandia (f) | Islande (f) | [islɑ̃d] |
| España (f) | Espagne (f) | [ɛspaɲ] |
| Italia (f) | Italie (f) | [itali] |
| Chipre (m) | Chypre (m) | [ʃipr] |
| Malta (f) | Malte (f) | [malt] |

| Noruega (f) | Norvège (f) | [nɔrvɛʒ] |
| Portugal (m) | Portugal (m) | [pɔrtygal] |
| Finlandia (f) | Finlande (f) | [fɛ̃lɑ̃d] |
| Francia (f) | France (f) | [frɑ̃s] |
| Suecia (f) | Suède (f) | [sɥɛd] |

| | | |
|---|---|---|
| Suiza (f) | Suisse (f) | [sɥis] |
| Escocia (f) | Écosse (f) | [ekɔs] |
| Vaticano (m) | Vatican (m) | [vatikɑ̃] |
| Liechtenstein (m) | Liechtenstein (m) | [liʃtɛnʃtajn] |
| Luxemburgo (m) | Luxembourg (m) | [lyksɑ̃bur] |

| | | |
|---|---|---|
| Mónaco (m) | Monaco (m) | [mɔnako] |
| Albania (f) | Albanie (f) | [albani] |
| Bulgaria (f) | Bulgarie (f) | [bylgari] |
| Hungría (f) | Hongrie (f) | [ɔ̃gri] |
| Letonia (f) | Lettonie (f) | [lɛtɔni] |

| | | |
|---|---|---|
| Lituania (f) | Lituanie (f) | [litɥani] |
| Polonia (f) | Pologne (f) | [pɔlɔɲ] |
| Rumania (f) | Roumanie (f) | [rumani] |
| Serbia (f) | Serbie (f) | [sɛrbi] |
| Eslovaquia (f) | Slovaquie (f) | [slɔvaki] |

| | | |
|---|---|---|
| Croacia (f) | Croatie (f) | [krɔasi] |
| Chequia (f) | République (f) Tchèque | [repyblik tʃɛk] |
| Estonia (f) | Estonie (f) | [ɛstɔni] |
| Bosnia y Herzegovina | Bosnie (f) | [bɔsni] |
| Macedonia | Macédoine (f) | [masedwan] |

| | | |
|---|---|---|
| Eslovenia | Slovénie (f) | [slɔveni] |
| Montenegro (m) | Monténégro (m) | [mɔ̃tenegro] |
| Bielorrusia (f) | Biélorussie (f) | [bjelɔrysi] |
| Moldavia (f) | Moldavie (f) | [mɔldavi] |
| Rusia (f) | Russie (f) | [rysi] |
| Ucrania (f) | Ukraine (f) | [ykrɛn] |

## 20. Los países. Unidad 2

| | | |
|---|---|---|
| Asia (f) | Asie (f) | [azi] |
| Vietnam (m) | Vietnam (m) | [vjɛtnam] |
| India (f) | Inde (f) | [ɛ̃d] |
| Israel (m) | Israël (m) | [israɛl] |
| China (f) | Chine (f) | [ʃin] |

| | | |
|---|---|---|
| Líbano (m) | Liban (m) | [libɑ̃] |
| Mongolia (f) | Mongolie (f) | [mɔ̃gɔli] |
| Malasia (f) | Malaisie (f) | [malɛzi] |
| Pakistán (m) | Pakistan (m) | [pakistɑ̃] |
| Arabia (f) Saudita | Arabie (f) Saoudite | [arabi saudit] |

| | | |
|---|---|---|
| Tailandia (f) | Thaïlande (f) | [tajlɑ̃d] |
| Taiwán (m) | Taïwan (m) | [tajwan] |
| Turquía (f) | Turquie (f) | [tyrki] |
| Japón (m) | Japon (m) | [ʒapɔ̃] |
| Afganistán (m) | Afghanistan (m) | [afganistɑ̃] |

| Bangladesh (m) | Bangladesh (m) | [bɑ̃gladɛʃ] |
| Indonesia (f) | Indonésie (f) | [ɛ̃dɔnezi] |
| Jordania (f) | Jordanie (f) | [ʒɔrdani] |
| Irak (m) | Iraq (m) | [irak] |
| Irán (m) | Iran (m) | [irɑ̃] |
| | | |
| Camboya (f) | Cambodge (m) | [kɑ̃bɔdʒ] |
| Kuwait (m) | Koweït (m) | [kɔwɛjt] |
| Laos (m) | Laos (m) | [laos] |
| Myanmar (m) | Myanmar (m) | [mjanmar] |
| Nepal (m) | Népal (m) | [nepal] |
| | | |
| Emiratos (m pl) Árabes Unidos | Fédération (f) des Émirats Arabes Unis | [federasjɔ̃ dezemira arabzyni] |
| Siria (f) | Syrie (f) | [siri] |
| Palestina (f) | Palestine (f) | [palɛstin] |
| Corea (f) del Sur | Corée (f) du Sud | [kɔre dy syd] |
| Corea (f) del Norte | Corée (f) du Nord | [kɔre dy nɔr] |
| | | |
| Estados Unidos de América | les États Unis | [lezeta zyni] |
| Canadá (f) | Canada (m) | [kanada] |
| Méjico (m) | Mexique (m) | [mɛksik] |
| Argentina (f) | Argentine (f) | [arʒɑ̃tin] |
| Brasil (m) | Brésil (m) | [brezil] |
| | | |
| Colombia (f) | Colombie (f) | [kɔlɔ̃bi] |
| Cuba (f) | Cuba (f) | [kyba] |
| Chile (m) | Chili (m) | [ʃili] |
| Venezuela (f) | Venezuela (f) | [venezɥela] |
| Ecuador (m) | Équateur (m) | [ekwatœr] |
| | | |
| Islas (f pl) Bahamas | Bahamas (f pl) | [baamas] |
| Panamá (f) | Panamá (m) | [panama] |
| Egipto (m) | Égypte (f) | [eʒipt] |
| Marruecos (m) | Maroc (m) | [marɔk] |
| Túnez (m) | Tunisie (f) | [tynizi] |
| | | |
| Kenia (f) | Kenya (m) | [kenja] |
| Libia (f) | Libye (f) | [libi] |
| República (f) Sudafricana | République (f) Sud-africaine | [repyblik sydafrikɛn] |
| Australia (f) | Australie (f) | [ostrali] |
| Nueva Zelanda (f) | Nouvelle Zélande (f) | [nuvɛl zelɑ̃d] |

## 21. El tiempo. Los desastres naturales

| tiempo (m) | temps (m) | [tɑ̃] |
| previsión (f) del tiempo | météo (f) | [meteo] |
| temperatura (f) | température (f) | [tɑ̃peratyr] |

| termómetro (m) | thermomètre (m) | [tɛrmɔmɛtr] |
| barómetro (m) | baromètre (m) | [barɔmɛtr] |

| sol (m) | soleil (m) | [sɔlɛj] |
| brillar (vi) | briller (vi) | [brije] |
| soleado (un día ~) | ensoleillé (adj) | [ɑ̃sɔleje] |
| elevarse (el sol) | se lever (vp) | [sə ləve] |
| ponerse (vr) | se coucher (vp) | [sə kuʃe] |

| lluvia (f) | pluie (f) | [plɥi] |
| está lloviendo | il pleut | [il plø] |
| aguacero (m) | pluie (f) torrentielle | [plɥi tɔrɑ̃sjɛl] |
| nubarrón (m) | nuée (f) | [nɥe] |
| charco (m) | flaque (f) | [flak] |
| mojarse (vr) | se faire mouiller | [sə fɛr muje] |

| tormenta (f) | orage (m) | [ɔraʒ] |
| relámpago (m) | éclair (m) | [eklɛr] |
| relampaguear (vi) | éclater (vi) | [eklate] |
| trueno (m) | tonnerre (m) | [tɔnɛr] |
| está tronando | le tonnerre gronde | [lə tɔnɛr grɔ̃d] |
| granizo (m) | grêle (f) | [grɛl] |
| está granizando | il grêle | [il grɛl] |

| bochorno (m) | chaleur (f) | [ʃalœr] |
| hace mucho calor | il fait très chaud | [il fɛ trɛ ʃo] |
| hace calor (templado) | il fait chaud | [il fɛʃo] |
| hace frío | il fait froid | [il fɛ frwa] |

| niebla (f) | brouillard (m) | [brujar] |
| nebuloso (adj) | brumeux (adj) | [brymø] |
| nube (f) | nuage (m) | [nɥaʒ] |
| nuboso (adj) | nuageux (adj) | [nɥaʒø] |
| humedad (f) | humidité (f) | [ymidite] |

| nieve (f) | neige (f) | [nɛʒ] |
| está nevando | il neige | [il nɛʒ] |
| helada (f) | gel (m) | [ʒɛl] |
| bajo cero (adv) | au-dessous de zéro | [odsu də zero] |
| escarcha (f) | givre (m) | [ʒivr] |

| mal tiempo (m) | intempéries (f pl) | [ɛ̃tɑ̃peri] |
| catástrofe (f) | catastrophe (f) | [katastrɔf] |
| inundación (f) | inondation (f) | [inɔ̃dasjɔ̃] |
| avalancha (f) | avalanche (f) | [avalɑ̃ʃ] |
| terremoto (m) | tremblement (m) de terre | [trɑ̃bləmɑ̃ də tɛr] |

| sacudida (f) | secousse (f) | [səkus] |
| epicentro (m) | épicentre (m) | [episɑ̃tr] |
| erupción (f) | éruption (f) | [erypsjɔ̃] |
| lava (f) | lave (f) | [lav] |
| tornado (m) | tornade (f) | [tɔrnad] |

| | | |
|---|---|---|
| torbellino (m) | **tourbillon** (m) | [turbijõ] |
| huracán (m) | **ouragan** (m) | [uragɑ̃] |
| tsunami (m) | **tsunami** (m) | [tsynami] |
| ciclón (m) | **cyclone** (m) | [siklon] |

## 22. Los animales. Unidad 1

| | | |
|---|---|---|
| animal (m) | **animal** (m) | [animal] |
| carnívoro (m) | **prédateur** (m) | [predatœr] |
| | | |
| tigre (m) | **tigre** (m) | [tigr] |
| león (m) | **lion** (m) | [ljõ] |
| lobo (m) | **loup** (m) | [lu] |
| zorro (m) | **renard** (m) | [rənar] |
| jaguar (m) | **jaguar** (m) | [ʒagwar] |
| | | |
| lince (m) | **lynx** (m) | [lɛ̃ks] |
| coyote (m) | **coyote** (m) | [kɔjɔt] |
| chacal (m) | **chacal** (m) | [ʃakal] |
| hiena (f) | **hyène** (f) | [jɛn] |
| | | |
| ardilla (f) | **écureuil** (m) | [ekyrœj] |
| erizo (m) | **hérisson** (m) | [erisõ] |
| conejo (m) | **lapin** (m) | [lapɛ̃] |
| mapache (m) | **raton** (m) | [ratõ] |
| | | |
| hámster (m) | **hamster** (m) | [amstɛr] |
| topo (m) | **taupe** (f) | [top] |
| ratón (m) | **souris** (f) | [suri] |
| rata (f) | **rat** (m) | [ra] |
| murciélago (m) | **chauve-souris** (f) | [ʃovsuri] |
| | | |
| castor (m) | **castor** (m) | [kastɔr] |
| caballo (m) | **cheval** (m) | [ʃəval] |
| ciervo (m) | **cerf** (m) | [sɛr] |
| camello (m) | **chameau** (m) | [ʃamo] |
| cebra (f) | **zèbre** (m) | [zɛbr] |
| | | |
| ballena (f) | **baleine** (f) | [balɛn] |
| foca (f) | **phoque** (m) | [fɔk] |
| morsa (f) | **morse** (m) | [mɔrs] |
| delfín (m) | **dauphin** (m) | [dofɛ̃] |
| | | |
| oso (m) | **ours** (m) | [urs] |
| mono (m) | **singe** (m) | [sɛ̃ʒ] |
| elefante (m) | **éléphant** (m) | [elefɑ̃] |
| rinoceronte (m) | **rhinocéros** (m) | [rinɔserɔs] |
| jirafa (f) | **girafe** (f) | [ʒiraf] |
| hipopótamo (m) | **hippopotame** (m) | [ipɔpɔtam] |
| canguro (m) | **kangourou** (m) | [kɑ̃guru] |

| | | |
|---|---|---|
| gata (f) | **chat** (m) | [ʃa] |
| perro (m) | **chien** (m) | [ʃjɛ̃] |
| vaca (f) | **vache** (f) | [vaʃ] |
| toro (m) | **taureau** (m) | [tɔro] |
| oveja (f) | **brebis** (f) | [brəbi] |
| cabra (f) | **chèvre** (f) | [ʃɛvr] |
| asno (m) | **âne** (m) | [ɑn] |
| cerdo (m) | **cochon** (m) | [kɔʃɔ̃] |
| gallina (f) | **poule** (f) | [pul] |
| gallo (m) | **coq** (m) | [kɔk] |
| pato (m) | **canard** (m) | [kanar] |
| ganso (m) | **oie** (f) | [wa] |
| pava (f) | **dinde** (f) | [dɛ̃d] |
| perro (m) pastor | **berger** (m) | [bɛrʒe] |

## 23. Los animales. Unidad 2

| | | |
|---|---|---|
| pájaro (m) | **oiseau** (m) | [wazo] |
| paloma (f) | **pigeon** (m) | [piʒɔ̃] |
| gorrión (m) | **moineau** (m) | [mwano] |
| carbonero (m) | **mésange** (f) | [mezɑ̃ʒ] |
| urraca (f) | **pie** (f) | [pi] |
| águila (f) | **aigle** (m) | [ɛgl] |
| azor (m) | **épervier** (m) | [epɛrvje] |
| halcón (m) | **faucon** (m) | [fokɔ̃] |
| cisne (m) | **cygne** (m) | [siɲ] |
| grulla (f) | **grue** (f) | [gry] |
| cigüeña (f) | **cigogne** (f) | [sigɔɲ] |
| loro (m), papagayo (m) | **perroquet** (m) | [perɔkɛ] |
| pavo (m) real | **paon** (m) | [pɑ̃] |
| avestruz (m) | **autruche** (f) | [otryʃ] |
| garza (f) | **héron** (m) | [erɔ̃] |
| ruiseñor (m) | **rossignol** (m) | [rɔsiɲɔl] |
| golondrina (f) | **hirondelle** (f) | [irɔ̃dɛl] |
| pájaro carpintero (m) | **pivert** (m) | [pivɛr] |
| cuco (m) | **coucou** (m) | [kuku] |
| lechuza (f) | **chouette** (f) | [ʃwɛt] |
| pingüino (m) | **pingouin** (m) | [pɛ̃gwɛ̃] |
| atún (m) | **thon** (m) | [tɔ̃] |
| trucha (f) | **truite** (f) | [trɥit] |
| anguila (f) | **anguille** (f) | [ɑ̃gij] |
| tiburón (m) | **requin** (m) | [rəkɛ̃] |
| centolla (f) | **crabe** (m) | [krab] |

| | | |
|---|---|---|
| medusa (f) | **méduse** (f) | [medyz] |
| pulpo (m) | **pieuvre** (f), **poulpe** (m) | [pjœvr], [pulp] |
| | | |
| estrella (f) de mar | **étoile** (f) **de mer** | [etwal də mɛr] |
| erizo (m) de mar | **oursin** (m) | [ursɛ̃] |
| caballito (m) de mar | **hippocampe** (m) | [ipɔkɑ̃p] |
| camarón (m) | **crevette** (f) | [krəvɛt] |
| | | |
| serpiente (f) | **serpent** (m) | [sɛrpɑ̃] |
| víbora (f) | **vipère** (f) | [vipɛr] |
| lagarto (m) | **lézard** (m) | [lezar] |
| iguana (f) | **iguane** (m) | [igwan] |
| camaleón (m) | **caméléon** (m) | [kameleɔ̃] |
| escorpión (m) | **scorpion** (m) | [skɔrpjɔ̃] |
| | | |
| tortuga (f) | **tortue** (f) | [tɔrty] |
| rana (f) | **grenouille** (f) | [grənuj] |
| cocodrilo (m) | **crocodile** (m) | [krɔkɔdil] |
| insecto (m) | **insecte** (m) | [ɛ̃sɛkt] |
| mariposa (f) | **papillon** (m) | [papijɔ̃] |
| hormiga (f) | **fourmi** (f) | [furmi] |
| mosca (f) | **mouche** (f) | [muʃ] |
| | | |
| mosquito (m) (picadura de ~) | **moustique** (m) | [mustik] |
| escarabajo (m) | **scarabée** (m) | [skarabe] |
| abeja (f) | **abeille** (f) | [abɛj] |
| araña (f) | **araignée** (f) | [areɲe] |
| mariquita (f) | **coccinelle** (f) | [kɔksinɛl] |

## 24. Los árboles. Las plantas

| | | |
|---|---|---|
| árbol (m) | **arbre** (m) | [arbr] |
| abedul (m) | **bouleau** (m) | [bulo] |
| roble (m) | **chêne** (m) | [ʃɛn] |
| tilo (m) | **tilleul** (m) | [tijœl] |
| pobo (m) | **tremble** (m) | [trɑ̃bl] |
| | | |
| arce (m) | **érable** (m) | [erabl] |
| pícea (f) | **épicéa** (m) | [episea] |
| pino (m) | **pin** (m) | [pɛ̃] |
| cedro (m) | **cèdre** (m) | [sɛdr] |
| | | |
| álamo (m) | **peuplier** (m) | [pøplije] |
| serbal (m) | **sorbier** (m) | [sɔrbje] |
| haya (f) | **hêtre** (m) | [ɛtr] |
| olmo (m) | **orme** (m) | [ɔrm] |
| | | |
| fresno (m) | **frêne** (m) | [frɛn] |
| castaño (m) | **marronnier** (m) | [marɔnje] |

| palmera (f) | palmier (m) | [palmje] |
| mata (f) | buisson (m) | [bҷisɔ̃] |

| seta (f) | champignon (m) | [ʃɑ̃piɲɔ̃] |
| seta (f) venenosa | champignon (m) vénéneux | [ʃɑ̃piɲɔ̃ venenø] |
| seta calabaza (f) | cèpe (m) | [sɛp] |
| rúsula (f) | russule (f) | [rysyl] |
| matamoscas (m) | amanite (f) tue-mouches | [amanit tymuʃ] |
| oronja (f) verde | oronge (f) verte | [ɔrɔ̃ʒ vɛrt] |

| flor (f) | fleur (f) | [flœr] |
| ramo (m) de flores | bouquet (m) | [bukɛ] |
| rosa (f) | rose (f) | [roz] |
| tulipán (m) | tulipe (f) | [tylip] |
| clavel (m) | oeillet (m) | [œjɛ] |

| manzanilla (f) | marguerite (f) | [margərit] |
| cacto (m) | cactus (m) | [kaktys] |
| muguete (m) | muguet (m) | [mygɛ] |
| campanilla (f) de las nieves | perce-neige (f) | [pɛrsənɛʒ] |
| nenúfar (m) | nénuphar (m) | [nenyfar] |

| invernadero (m) tropical | serre (f) tropicale | [sɛr trɔpikal] |
| césped (m) | gazon (m) | [gazɔ̃] |
| macizo (m) de flores | parterre (m) de fleurs | [partɛr də flœr] |

| planta (f) | plante (f) | [plɑ̃t] |
| hierba (f) | herbe (f) | [ɛrb] |
| hoja (f) | feuille (f) | [fœj] |
| pétalo (m) | pétale (m) | [petal] |
| tallo (m) | tige (f) | [tiʒ] |
| retoño (m) | pousse (f) | [pus] |

| cereales (m pl) (plantas) | céréales (f pl) | [sereal] |
| trigo (m) | blé (m) | [ble] |
| centeno (m) | seigle (m) | [sɛgl] |
| avena (f) | avoine (f) | [avwan] |

| mijo (m) | millet (m) | [mijɛ] |
| cebada (f) | orge (f) | [ɔrʒ] |
| maíz (m) | maïs (m) | [mais] |
| arroz (m) | riz (m) | [ri] |

## 25. Varias palabras útiles

| alto (m) (parada temporal) | arrêt (m) | [arɛ] |
| ayuda (f) | aide (f) | [ɛd] |
| balance (m) | balance (f) | [balɑ̃s] |
| base (f) (~ científica) | base (f) | [baz] |

| | | |
|---|---|---|
| categoría (f) | **catégorie** (f) | [kategɔri] |
| coincidencia (f) | **coïncidence** (f) | [kɔɛ̃sidɑ̃s] |
| comienzo (m) (principio) | **début** (m) | [dəbu] |
| comparación (f) | **comparaison** (f) | [kɔ̃parɛzɔ̃] |
| desarrollo (m) | **développement** (m) | [devlɔpmɑ̃] |
| diferencia (f) | **différence** (f) | [diferɑ̃s] |
| | | |
| efecto (m) | **effet** (m) | [efɛ] |
| ejemplo (m) | **exemple** (m) | [ɛgzɑ̃p] |
| variedad (f) (selección) | **choix** (m) | [ʃwa] |
| elemento (m) | **élément** (m) | [elemɑ̃] |
| error (m) | **faute** (f) | [fot] |
| | | |
| esfuerzo (m) | **effort** (m) | [efɔr] |
| estándar (adj) | **standard** (adj) | [stɑ̃dar] |
| estilo (m) | **style** (m) | [stil] |
| forma (f) (contorno) | **forme** (f) | [fɔrm] |
| | | |
| grado (m) (en mayor ~) | **degré** (m) | [dəgre] |
| hecho (m) | **fait** (m) | [fɛ] |
| ideal (m) | **idéal** (m) | [ideal] |
| modo (m) (de otro ~) | **mode** (m) | [mɔd] |
| momento (m) | **moment** (m) | [mɔmɑ̃] |
| obstáculo (m) | **obstacle** (m) | [ɔpstakl] |
| parte (f) | **part** (f) | [par] |
| pausa (f) | **pause** (f) | [poz] |
| posición (f) | **position** (f) | [pozisjɔ̃] |
| problema (m) | **problème** (m) | [prɔblɛm] |
| | | |
| proceso (m) | **processus** (m) | [prɔsesys] |
| progreso (m) | **progrès** (m) | [prɔgrɛ] |
| propiedad (f) (cualidad) | **propriété** (f) | [prɔprijete] |
| reacción (f) | **réaction** (f) | [reaksjɔ̃] |
| riesgo (m) | **risque** (m) | [risk] |
| | | |
| secreto (m) | **secret** (m) | [səkrɛ] |
| serie (f) | **série** (f) | [seri] |
| sistema (m) | **système** (m) | [sistɛm] |
| situación (f) | **situation** (f) | [situasjɔ̃] |
| solución (f) | **solution** (f) | [sɔlysjɔ̃] |
| tabla (f) (~ de multiplicar) | **tableau** (m) | [tablo] |
| tempo (m) (ritmo) | **tempo** (m) | [tɛmpo] |
| | | |
| término (m) | **terme** (m) | [tɛrm] |
| tipo (m) (p.ej. ~ de deportes) | **type** (m) | [tip] |
| turno (m) (esperar su ~) | **tour** (m) | [tur] |
| urgente (adj) | **urgent** (adj) | [yrʒɑ̃] |
| utilidad (f) | **utilité** (f) | [ytilite] |
| variante (f) | **version** (f) | [vɛrsjɔ̃] |
| verdad (f) | **vérité** (f) | [verite] |
| zona (f) | **zone** (f) | [zon] |

## 26. Los adjetivos. Unidad 1

| | | |
|---|---|---|
| abierto (adj) | ouvert (adj) | [uvɛr] |
| adicional (adj) | supplémentaire (adj) | [syplemãtɛr] |
| agrio (sabor ~) | aigre (adj) | [ɛgr] |
| agudo (adj) | bien affilé (adj) | [bjɛn afile] |
| amargo (adj) | amer (adj) | [amɛr] |
| | | |
| amplio (~a habitación) | spacieux (adj) | [spasjø] |
| antiguo (adj) | ancien (adj) | [ɑ̃sjɛ̃] |
| arriesgado (adj) | risqué (adj) | [riske] |
| artificial (adj) | artificiel (adj) | [artifisjɛl] |
| azucarado, dulce (adj) | sucré (adj) | [sykre] |
| | | |
| bajo (voz ~a) | bas (adj) | [ba] |
| bello (hermoso) | beau (adj) | [bo] |
| blando (adj) | mou (adj) | [mu] |
| bronceado (adj) | bronzé (adj) | [brɔ̃ze] |
| central (adj) | central (adj) | [sãtral] |
| | | |
| ciego (adj) | aveugle (adj) | [avœgl] |
| clandestino (adj) | clandestin (adj) | [klɑ̃dɛstɛ̃] |
| compatible (adj) | compatible (adj) | [kɔ̃patibl] |
| congelado (pescado ~) | surgelé (adj) | [syrʒəle] |
| contento (adj) | content (adj) | [kɔ̃tã] |
| continuo (adj) | continu (adj) | [kɔ̃tiny] |
| | | |
| cortés (adj) | poli (adj) | [pɔli] |
| corto (adj) | court (adj) | [kur] |
| crudo (huevos ~s) | cru (adj) | [kry] |
| de segunda mano | d'occasion (adj) | [dɔkazjɔ̃] |
| denso (~a niebla) | dense (adj) | [dãs] |
| | | |
| derecho (adj) | droit (adj) | [drwa] |
| difícil (decisión) | difficile (adj) | [difisil] |
| dulce (agua ~) | douce (adj) | [dus] |
| duro (material, etc.) | dur (adj) | [dyr] |
| enfermo (adj) | malade (adj) | [malad] |
| | | |
| enorme (adj) | géant (adj) | [ʒeã] |
| especial (adj) | spécial (adj) | [spesjal] |
| estrecho (calle, etc.) | étroit (adj) | [etrwa] |
| exacto (adj) | précis, exact (adj) | [presi], [ɛgzakt] |
| excelente (adj) | excellent (adj) | [ɛkselã] |
| | | |
| excesivo (adj) | excessif (adj) | [ɛksesif] |
| exterior (adj) | extérieur (adj) | [ɛksterjœr] |
| fácil (adj) | facile (adj) | [fasil] |
| feliz (adj) | heureux (adj) | [œrø] |
| fértil (la tierra ~) | fertile (adj) | [fɛrtil] |
| frágil (florero, etc.) | fragile (adj) | [fraʒil] |

| | | |
|---|---|---|
| fuerte (~ voz) | fort (adj) | [fɔr] |
| fuerte (adj) | fort (adj) | [fɔr] |
| grande (en dimensiones) | grand (adj) | [grɑ̃] |
| gratis (adj) | gratuit (adj) | [gratɥi] |
| importante (adj) | important (adj) | [ɛ̃pɔrtɑ̃] |
| | | |
| infantil (adj) | d'enfant (adj) | [dɑ̃fɑ̃] |
| inmóvil (adj) | immobile (adj) | [imɔbil] |
| inteligente (adj) | intelligent (adj) | [ɛ̃teliʒɑ̃] |
| interior (adj) | intérieur (adj) | [ɛ̃terjœr] |
| izquierdo (adj) | gauche (adj) | [goʃ] |

## 27. Los adjetivos. Unidad 2

| | | |
|---|---|---|
| largo (camino) | long (adj) | [lɔ̃] |
| legal (adj) | légal (adj) | [legal] |
| ligero (un metal ~) | léger (adj) | [leʒe] |
| limpio (camisa ~) | propre (adj) | [prɔpr] |
| líquido (adj) | liquide (adj) | [likid] |
| | | |
| liso (piel, pelo, etc.) | lisse (adj) | [lis] |
| lleno (adj) | plein (adj) | [plɛ̃] |
| maduro (fruto, etc.) | mûr (adj) | [myr] |
| malo (adj) | mauvais (adj) | [movɛ] |
| mate (sin brillo) | mat (adj) | [mat] |
| | | |
| misterioso (adj) | mystérieux (adj) | [misterjø] |
| muerto (adj) | mort (adj) | [mɔr] |
| natal (país ~) | natal (adj) | [natal] |
| negativo (adj) | négatif (adj) | [negatif] |
| no difícil (adj) | facile (adj) | [fasil] |
| | | |
| normal (adj) | normal (adj) | [nɔrmal] |
| nuevo (adj) | neuf (adj) | [nœf] |
| obligatorio (adj) | obligatoire (adj) | [ɔbligatwar] |
| opuesto (adj) | opposé (adj) | [ɔpoze] |
| ordinario (adj) | ordinaire (adj) | [ɔrdinɛr] |
| | | |
| original (inusual) | original (adj) | [ɔriʒinal] |
| peligroso (adj) | dangereux (adj) | [dɑ̃ʒrø] |
| pequeño (adj) | petit (adj) | [pti] |
| perfecto (adj) | parfait (adj) | [parfɛ] |
| personal (adj) | personnel (adj) | [pɛrsɔnɛl] |
| pobre (adj) | pauvre (adj) | [povr] |
| | | |
| poco claro (adj) | pas clair (adj) | [pɑ klɛr] |
| poco profundo (adj) | peu profond (adj) | [pø prɔfɔ̃] |
| posible (adj) | possible (adj) | [pɔsibl] |
| principal (~ idea) | principal (adj) | [prɛ̃sipal] |
| principal (la entrada ~) | principal (adj) | [prɛ̃sipal] |

| probable (adj) | probable (adj) | [prɔbabl] |
| público (adj) | public (adj) | [pyblik] |
| rápido (adj) | rapide (adj) | [rapid] |
| raro (adj) | rare (adj) | [rar] |
| recto (línea ~a) | droit (adj) | [drwa] |

| sabroso (adj) | bon, savoureux (adj) | [bɔ̃], [savurø] |
| siguiente (avión, etc.) | suivant (adj) | [sɥivɑ̃] |
| similar (adj) | similaire, pareil (adj) | [similɛr], [parɛj] |
| sólido (~a pared) | solide (adj) | [sɔlid] |
| sucio (no limpio) | sale (adj) | [sal] |
| tonto (adj) | stupide (adj) | [stypid] |

| triste (mirada ~) | triste (adj) | [trist] |
| último (~a oportunidad) | dernier (adj) | [dɛrnje] |
| último (~a vez) | passé (adj) | [pɑse] |
| vacío (vaso medio ~) | vide (adj) | [vid] |
| viejo (casa ~a) | vieux (adj) | [vjø] |

## 28. Los verbos. Unidad 1

| abrir (vt) | ouvrir (vt) | [uvrir] |
| acabar, terminar (vt) | finir (vt) | [finir] |
| acusar (vt) | accuser (vt) | [akyze] |
| agradecer (vt) | remercier (vt) | [rəmɛrsje] |
| almorzar (vi) | déjeuner (vi) | [deʒœne] |
| alquilar (~ una casa) | louer (vt) | [lwe] |

| anular (vt) | annuler (vt) | [anyle] |
| anunciar (vt) | annoncer (vt) | [anɔ̃se] |
| apagar (vt) | éteindre (vt) | [etɛ̃dr] |
| autorizar (vt) | permettre (vt) | [pɛrmɛtr] |
| ayudar (vt) | aider (vt) | [ede] |

| bailar (vi, vt) | danser (vi, vt) | [dɑ̃se] |
| beber (vi, vt) | boire (vt) | [bwar] |
| borrar (vt) | supprimer (vt) | [syprime] |
| bromear (vi) | plaisanter (vi) | [plɛzɑ̃te] |
| bucear (vi) | plonger (vi) | [plɔ̃ʒe] |
| caer (vi) | tomber (vi) | [tɔ̃be] |

| cambiar (vt) | changer (vt) | [ʃɑ̃ʒe] |
| cantar (vi) | chanter (vi) | [ʃɑ̃te] |
| cavar (vt) | creuser (vt) | [krøze] |
| cazar (vi, vt) | chasser (vi, vt) | [ʃase] |
| cenar (vi) | dîner (vi) | [dine] |

| cerrar (vt) | fermer (vt) | [fɛrme] |
| cesar (vt) | cesser (vt) | [sese] |
| coger (vt) | attraper (vt) | [atrape] |

| | | |
|---|---|---|
| comenzar (vt) | commencer (vt) | [kɔmɑ̃se] |
| comer (vi, vt) | manger (vi, vt) | [mɑ̃ʒe] |
| comparar (vt) | comparer (vt) | [kɔ̃pare] |

| | | |
|---|---|---|
| comprar (vt) | acheter (vt) | [aʃte] |
| comprender (vt) | comprendre (vt) | [kɔ̃prɑ̃dr] |
| confiar (vt) | avoir confiance | [avwar kɔ̃fjɑ̃s] |
| confirmar (vt) | confirmer (vt) | [kɔ̃firme] |
| conocer (~ a alguien) | connaître (vt) | [kɔnɛtr] |

| | | |
|---|---|---|
| construir (vt) | construire (vt) | [kɔ̃strɥir] |
| contar (una historia) | raconter (vt) | [rakɔ̃te] |
| contar (vt) (enumerar) | compter (vi, vt) | [kɔ̃te] |
| contar con ... | compter sur ... | [kɔ̃te syr] |
| copiar (vt) | copier (vt) | [kɔpje] |
| correr (vi) | courir (vt) | [kurir] |

| | | |
|---|---|---|
| costar (vt) | coûter (vt) | [kute] |
| crear (vt) | créer (vt) | [kree] |
| creer (en Dios) | croire (vi) | [krwar] |
| dar (vt) | donner (vt) | [dɔne] |
| decidir (vt) | décider (vt) | [deside] |

| | | |
|---|---|---|
| decir (vt) | dire (vt) | [dir] |
| dejar caer | faire tomber | [fɛr tɔ̃be] |
| depender de ... | dépendre de ... | [depɑ̃dr də] |
| desaparecer (vi) | disparaître (vi) | [disparɛtr] |
| desayunar (vi) | prendre le petit déjeuner | [prɑ̃dr ləpti deʒœne] |

| | | |
|---|---|---|
| despreciar (vt) | mépriser (vt) | [meprize] |
| disculpar (vt) | excuser (vt) | [ɛkskyze] |
| disculparse (vr) | s'excuser (vp) | [sɛkskyze] |
| discutir (vt) | discuter (vt) | [diskyte] |
| divorciarse (vr) | divorcer (vi) | [divɔrse] |
| dudar (vt) | douter (vt) | [dute] |

## 29. Los verbos. Unidad 2

| | | |
|---|---|---|
| encender (vt) | allumer (vt) | [alyme] |
| encontrar (hallar) | trouver (vt) | [truve] |
| encontrarse (vr) | se rencontrer (vp) | [sə rɑ̃kɔ̃tre] |
| engañar (vi, vt) | tromper (vt) | [trɔ̃pe] |
| enviar (vt) | envoyer (vt) | [ɑ̃vwaje] |
| equivocarse (vr) | se tromper (vp) | [sə trɔ̃pe] |

| | | |
|---|---|---|
| escoger (vt) | choisir (vt) | [ʃwazir] |
| esconder (vt) | cacher (vt) | [kaʃe] |
| escribir (vt) | écrire (vt) | [ekrir] |
| esperar (aguardar) | attendre (vt) | [atɑ̃dr] |
| esperar (tener esperanza) | espérer (vi) | [ɛspere] |

| | | |
|---|---|---|
| estar ausente | **être absent** | [ɛtr apsɑ̃] |
| estar cansado | **être fatigué** | [ɛtr fatige] |
| estar de acuerdo | **être d'accord** | [ɛtr dakɔr] |
| estudiar (vt) | **étudier** (vt) | [etydje] |
| exigir (vt) | **exiger** (vt) | [ɛgziʒe] |
| existir (vi) | **exister** (vi) | [ɛgziste] |
| | | |
| explicar (vt) | **expliquer** (vt) | [ɛksplike] |
| faltar (a las clases) | **manquer** (vt) | [mɑ̃ke] |
| felicitar (vt) | **féliciter** (vt) | [felisite] |
| firmar (~ el contrato) | **signer** (vt) | [siɲe] |
| girar (~ a la izquierda) | **tourner** (vi) | [turne] |
| gritar (vi) | **crier** (vi) | [krije] |
| | | |
| guardar (conservar) | **garder** (vt) | [garde] |
| gustar (vi) | **plaire** (vt) | [plɛr] |
| hablar (vi, vt) | **parler** (vi, vt) | [parle] |
| hablar con ... | **parler avec ...** | [parle avɛk] |
| hacer (vt) | **faire** (vt) | [fɛr] |
| | | |
| hacer la limpieza | **faire le ménage** | [fɛr le menaʒ] |
| insistir (vi) | **insister** (vi) | [ɛ̃siste] |
| insultar (vt) | **insulter** (vt) | [ɛ̃sylte] |
| invitar (vt) | **inviter** (vt) | [ɛ̃vite] |
| ir (a pie) | **aller** (vi) | [ale] |
| | | |
| jugar (divertirse) | **jouer** (vt) | [ʒwe] |
| leer (vi, vt) | **lire** (vi, vt) | [lir] |
| llegar (vi) | **venir** (vi) | [vənir] |
| llorar (vi) | **pleurer** (vi) | [plœre] |
| matar (vt) | **tuer** (vt) | [tɥe] |
| mirar a ... | **regarder** (vt) | [rəgarde] |
| | | |
| molestar (vt) | **déranger** (vt) | [derɑ̃ʒe] |
| morir (vi) | **mourir** (vi) | [murir] |
| mostrar (vt) | **montrer** (vt) | [mɔ̃tre] |
| nacer (vi) | **naître** (vi) | [nɛtr] |
| nadar (vi) | **nager** (vi) | [naʒe] |
| negar (vt) | **nier** (vt) | [nje] |
| | | |
| obedecer (vi, vt) | **obéir** (vt) | [ɔbeir] |
| odiar (vt) | **haïr** (vt) | [air] |
| oír (vt) | **entendre** (vt) | [ɑ̃tɑ̃dr] |
| olvidar (vt) | **oublier** (vt) | [ublije] |
| orar (vi) | **prier** (vt) | [prije] |

## 30. Los verbos. Unidad 3

| | | |
|---|---|---|
| pagar (vi, vt) | **payer** (vi, vt) | [peje] |
| participar (vi) | **participer** (vi) | [partisipe] |

| | | |
|---|---|---|
| pegar (golpear) | **battre** (vt) | [batr] |
| pelear (vi) | **se battre** (vp) | [sə batr] |
| pensar (vi, vt) | **penser** (vi, vt) | [pɑ̃se] |
| perder (paraguas, etc.) | **perdre** (vt) | [pɛrdr] |
| | | |
| perdonar (vt) | **pardonner** (vt) | [pardɔne] |
| pertenecer a ... | **appartenir à ...** | [apartənir a] |
| poder (v aux) | **pouvoir** (v aux) | [puvwar] |
| poder (v aux) | **pouvoir** (v aux) | [puvwar] |
| preguntar (vt) | **demander** (vt) | [dəmɑ̃de] |
| preparar (la cena) | **préparer** (vt) | [prepare] |
| | | |
| prever (vt) | **prévoir** (vt) | [prevwar] |
| probar (vt) | **prouver** (vt) | [pruve] |
| prohibir (vt) | **interdire** (vt) | [ɛ̃tɛrdir] |
| prometer (vt) | **promettre** (vt) | [prɔmɛtr] |
| proponer (vt) | **proposer** (vt) | [prɔpoze] |
| quebrar (vt) | **casser** (vt) | [kase] |
| | | |
| quejarse (vr) | **se plaindre** (vp) | [sə plɛ̃dr] |
| querer (amar) | **aimer** (vt) | [eme] |
| querer (desear) | **vouloir** (vt) | [vulwar] |
| recibir (vt) | **recevoir** (vt) | [rəsəvwar] |
| repetir (vt) | **répéter** (vt) | [repete] |
| reservar (~ una mesa) | **réserver** (vt) | [rezɛrve] |
| | | |
| responder (vi, vt) | **répondre** (vi, vt) | [repɔ̃dr] |
| robar (vt) | **voler** (vt) | [vɔle] |
| saber (~ algo mas) | **savoir** (vt) | [savwar] |
| salvar (vt) | **sauver** (vt) | [sove] |
| secar (ropa, pelo) | **sécher** (vt) | [seʃe] |
| | | |
| sentarse (vr) | **s'asseoir** (vp) | [saswar] |
| sonreír (vi) | **sourire** (vi) | [surir] |
| tener (vt) | **avoir** (vt) | [avwar] |
| tener miedo | **avoir peur** | [avwar pœr] |
| | | |
| tener prisa | **être pressé** | [ɛtr prese] |
| tener prisa | **se dépêcher** | [sə depeʃe] |
| terminar (vt) | **rompre** (vt) | [rɔ̃pr] |
| tirar, disparar (vi) | **tirer** (vi) | [tire] |
| tomar (vt) | **prendre** (vt) | [prɑ̃dr] |
| trabajar (vi) | **travailler** (vi) | [travaje] |
| | | |
| traducir (vt) | **traduire** (vt) | [tradɥir] |
| tratar (de hacer algo) | **essayer** (vt) | [eseje] |
| vender (vt) | **vendre** (vt) | [vɑ̃dr] |
| ver (vt) | **voir** (vt) | [vwar] |
| verificar (vt) | **vérifier** (vt) | [verifje] |
| volar (pájaro, avión) | **voler** (vi) | [vɔle] |